FAUST'S CONTRACT : NETFLIX AND K-DRAMAS

파우스트의 계약

| 넷플릭스와 K-드라마 |

FAUST'S CONTRACT : NETFLIX AND K-DRAMAS

파우스트의 계약

| 넷플릭스와 K-드라마 |

이종수 지음

한양대학교 출판부

| 머리말 |

이동의 자유는 삶과 생존의 원리이다. 생존하기 위해 우리는 끊임없이 새로운 서식지를 향해 이동해야 한다. 버펄로에서 북극곰, 혹등고래, 새끼 앨버트로스까지 이주는 가장 필수적인 생존 전략이다. 먹이를 구하고, 번식하고, 새로운 서식처를 찾아야 하기에.

— '삶을 위한 이동', 〈우리의 지구 II〉 (2023년 6월 14일, 넷플릭스 개봉)

미디어 생태계에 OTT 플랫폼이라는 새롭고 놀라운 서식처가 생겼다. 세계적 스토리 대가로 불리는 로버트 맥기 교수는 OTT가 새로운 스토리텔링의 장을 열었으며, 이는 전 세계 스토리 창작자들에게는 매우 좋은 뉴스라고 말했다.[1] 한국의 미디어 시장은 넷플릭스라는 새로운 서식처로

1 81세의 로버트 맥기 교수는 OTT 장편 스트리밍 쇼가 21세기의 대성당이 될 것이고, 스토리텔링의 미래가 될 것이라고 2022년 텔아이브에서 열린 고별 투어 강연에서 강조했다(Williams, 2022.11.24).

아주 빠르게 이동했다. 그리고 거기에서 글로벌 관객들을 만나고 유례없는 인기를 모으고 있다.

한국 드라마의 빠른 이동성과 적응력은 'K-드라마'의 성공요인으로도 작용했다. 물론 K-드라마 글로벌 붐은 넷플릭스라는 세계 최대 OTT 플랫폼 기업이 없었으면 불가능했을 것이다. 또한 한류 이후 25년간 축적되어 온 한국 드라마의 제작역량과 가성비 높은 퀄리티, K-팝과 한국 영화의 후광, 그리고 코로나 팬데믹 특수 등 다양한 요인들이 K-드라마의 글로벌 붐을 만들어냈다.

또 한 가지 중요한 점은 많은 국가가 코로나19로 제작이 중단되었을 때, 한국은 팬데믹 상황에 빠르게 적응하면서 제작을 계속했다는 점이다. 마치 K-드라마 속 고군분투하는 인물들처럼 한국 드라마 제작진은 빠르고 역동적으로 코로나 위기 속에서 드라마를 찍고 만들었다. 팬데믹의 오랜 봉쇄 기간 중 집안에서 넷플릭스를 샅샅이 뒤져보던 글로벌 관객들에게 한국 드라마의 '색다른' 매력이 눈에 띄었다(Moeller, 2022.3.7).

그리고 마법 같은 일이 일어났다. 2021년 9월 17일 공개된 넷플릭스 오리지널 〈오징어 게임〉은 넷플릭스 개봉 2주내 역대 최고 시청시간을 기록했고, 그 인기가 전 세계적으로 거세게 확산되었다. 그야말로 초대형 글로벌 문화적 센세이션이었다. 연이어 오리지널 K-드라마인 〈지옥〉, 〈마이네임〉, 〈지금 우리 학교는〉, 〈더 글로리〉 등도 글로벌 Top 10에 진입했다. 비영어권 드라마로서는 이례적으로 한국은 2021년 4분기에 전 세계 넷플릭스의 최고 인기 콘텐츠 제공자 2위를 차지했다(The Korea Times, 2022.1.19).

한국 드라마는 이제 넷플릭스 이전과 이후로 나뉠 정도로 제작 규모와 스케일도 커지고, 한국 드라마의 고유한 장르와 스토리텔링 방식에도 많은 변화가 생겨났다. OTT 플랫폼 시장의 경쟁도 치열해졌다. 디즈니,

HBO, 애플 등 거대 미디어 콘텐츠, IT 기업들이 속속 OTT 서비스 시장에 뛰어들었다. 그리고 이제 인기 K-오리지널 드라마의 시즌 2가 나오고 있다. 어쩌면 지금이 K-드라마 시장의 '시즌 2'가 시작된 시점인 것 같다. 넷플릭스가 촉발한 한국 드라마의 변화를 찬찬히 들여다 보고, 향후 한국 드라마의 미래를 생각해 볼 시점인 것이다.

K-드라마 붐은 넷플릭스라는 글로벌 기업의 현지화 전략과 한국 드라마의 글로벌화 열망이 맞아 떨어진 일종의 파우스트와 메피스토펠레스의 '계약'의 결과는 아니었을까. 넷플릭스는 우리에게 막대한 제작비와 글로벌 관객과의 즉각적 만남이라는 매력적인 제안을 했고, 더 큰 시장과 재원을 찾던 한국 드라마 제작진들은 기꺼이 그 제안을 받아들였다. 다행히 화려한 글로벌 무대에서의 환호가 잇따랐다. 하지만 작품의 영혼과 같은 지적재산권(IP)은 넷플릭스의 소유였다.

넷플릭스와 한국, 그 연계

"나는 퍽(puck)이 있는 곳이 아니라 퍽이 갈 곳으로 움직인다." 2007년 스티브 잡스가 아이폰을 선보이던 맥월드 엑스포의 명연설 마지막에 인용한 캐나다 아이스하키 선수 웨인 그레츠키의 말이다. 혁신의 기업 애플이 어떻게 성공할 수 있었는지를 잘 보여주고 있다.

21세기 애플과 같은 혁신기업이 또 하나 있다면 그것은 넷플릭스일 것이다. 넷플릭스는 끊임없는 혁신과 파격으로 전 세계 미디어와 대중문화 패러다임을 바꿔왔다. 1997년 DVD 대여업으로 시작한 넷플릭스는 2007년 넷플릭스 미국 내 인터넷 스트리밍 사업으로 변신한 이후, 2016년에는 전 세계 130여 개국에 글로벌 동영상 OTT 서비스를 제공하는 명실공히 글로벌 인터넷 TV가 되었다.

이후 매년 급성장세를 보인 넷플릭스는 21세기 최대의 OTT 선도 플랫폼으로 자리잡았다. 특히 2020년 이후 코로나 19 팬데믹 시기의 넷플릭스의 성장세는 놀라웠다. 전 세계가 코로나로 각 국가의 국경 안에 갇혀 있을 때, 국경을 넘는 초국적 OTT 엔터테인먼트 기업으로서의 넷플릭스의 위상은 더욱 견고해졌다.

설립 초기부터 넷플릭스의 혁신 DNA가 만들어낸 새로운 변화는 한 개별 기업의 역사를 넘어서 전 세계 미디어 업계에 커다란 파장을 불러왔다. '넷플릭스 효과(Netflix Effect)'[2]라는 말이 등장할 정도로 미디어 업계의 판을 바꿨다. 넷플릭스의 혁신으로 촉발된 기술과 엔터테인먼트 산업의 막대한 변화에 대한 국내외 관심과 논의도 뜨거웠다. 이후 전통적 미디어 콘텐츠 강자와 글로벌 IT 기업을 OTT 시장으로 끌어들여 '스트리밍 세계대전'의 막을 연 것도 넷플릭스였다. 그야말로 넷플릭스가 미디어 시장과 대중문화의 판을 바꾸는 게임 체인저였다.

한국의 미디어 업계도 넷플릭스가 가져온 변화의 파고 속에서 엄청난 변화를 겪어 왔다. 2016년 1월 넷플릭스는 한국에 진출했다. 약간의 진통 끝에 한국에 연착륙한 넷플릭스는 초기 몇 개월의 부진을 뒤로하고 한국에서 놀라운 약진을 보여주었다. 국내 OTT 시장에서의 넷플릭스의 장악력은 매 분기마다 큰 성장세를 보이고, '빈지워칭(binge-watching)' 붐 등 영상콘텐츠 수용 문화에도 큰 변화를 가져왔다. 특히 코로나 19 비대면 상황에서 넷플릭스를 통한 K-드라마의 글로벌 인기는 한층 높아졌다.

2 넷플릭스 효과는 2013년 〈The Star〉지가 처음 사용한 용어이다. 기술과 엔터테인먼트가 엄청난 속도로 융합되고, 매스미디어 비즈니스와 경제에 막대한 영향을 미치는 것을 말한다(McDonald & Smith-Rowsey, 2016).

그리고 무엇보다 중요한 것은 바로 넷플릭스가 현지화 오리지널 콘텐츠 제작의 전진 기지로 한국에 엄청난 투자를 시작한 것이다. 전 세계 넷플릭스 시장에서 한국의 넷플릭스 오리지널 드라마시리즈 〈킹덤〉(2019), 〈스위트홈〉(2020)의 인기와 더불어 〈사랑의 불시착〉(2019), 〈사이코지만 괜찮아〉(2020) 등의 tvN 드라마도 큰 인기를 끌었다. 그리고 2021년 9월 넷플릭스에서 K-드라마 붐의 정점을 찍은 작품이 등장한다. 바로 〈오징어 게임〉(2021)의 세계적인 메가 히트이다. 이후 K-드라마의 선전이 계속되고 있다.

이 책은 넷플릭스와 K-드라마의 글로벌 진출이라는 2개의 축을 21세기 상호연결된 글로벌 엔터테인먼트 산업의 특성이며, 동시에 일종의 연쇄반응처럼 나타나는 글로벌-로컬 연계 문화현상으로 보고자 한다. 또한 넷플릭스의 혁신 에토스와 이를 촉매로 글로벌화에 성공한 K-드라마의 선전을 21세기 전 지구적 미디어 흐름과 글로벌 문화정치에서 매우 중요한 산업적·문화적 현상으로 주목한다.

• • •

책의 내용은 크게 3부로 구성되어 있다.

먼저 제1부 〈넷플릭스와 K-드라마의 만남〉에서는 넷플릭스의 성장, 발전 과정에서 한국과의 필연적 만남이 이뤄진 배경을 살펴본다. 이는 넷플릭스의 정체성과 핵심 비즈니스 전략인 현지화 프로젝트와 긴밀히 연결되어 있다. 그리고 한국 드라마 제작 패러다임이 넷플릭스로 인해 어떤 변화를 맞고 있는지, 그 긍정적, 부정적 측면에 관해 논의한다.

1장에서는 넷플릭스라는 기업의 발전사를 혁신과 성장, 위기, 재성장의 주요 모멘텀을 중심으로 살펴본다. 그리고 넷플릭스의 글로벌 확장에 한국이라는 아시아의 로컬 기지와 왜 필요했는지를 살펴본다. 아울러 도전과 혁신의 기업에서 이미 선도기업의 특권을 누리고 있는 넷플릭스 딜레마도 논의해본다.

2장은 넷플릭스 정체성과 초국가성에 대한 개념적 논의를 중심으로 다양한 선행연구들을 검토해볼 것이다. OTT 플랫폼 기업인 넷플릭스는 콘텐츠 기업이면서, 동시에 테크 기업의 이중의 정체성을 갖고 있다. 그러므로 기존 TV의 연구의 틀이나, 완전히 새로운 디지털 플랫폼 연구만으로 넷플릭스를 접근하는 데 한계가 있다. 따라서 넷플릭스에 관한 포스트 TV 연구와 디지털 플랫폼 연구를 융합하는 새로운 연구들을 소개한다.

3장에서는 넷플릭스가 가져온 한국 드라마 제작 패러다임의 변화를 살펴보고, 그 긍정적·부정적 측면에 관해 고찰한다. 넷플릭스의 모순은 창작자와 수용자의 자유와 자율을 독려하면서, 동시에 글로벌 미디어 플랫폼 기업의 독점과 지배를 강화하고 있다는 것이다. 그런 의미에서 넷플릭스는 한국 미디어 산업의 '친절한 포식자'라고도 불리고 있다. 분명 넷플릭스는 한국 엔터테인먼트 산업에 활기를 불어넣고 있지만, 우려의 목소리도 적지 않다. 넷플릭스 의존도가 점점 커지면서 한국 콘텐츠 기업들이 자생력을 잃어버릴 위험도 있기 때문이다.

제2부 〈넷플릭스 혁신 에토스(Ethos)〉에서는 넷플릭스를 세계 1위 글로벌 OTT 기업으로 만든 주요 비즈니스 전략을 오리지널 콘텐츠, AI 활용 개인화 추천 시스템, 그리고 빈지워칭을 중심으로 살펴본다.

4장은 넷플릭스 오리지널 콘텐츠의 정의와 유형에 관한 논의로 시작한다. 넷플릭스 오리지널은 대표적 혁신 트레이드마크이다. 그러나 정작 넷플릭스 오리지널에서 풀 커미셔닝(full commissioning)에 의한 '진짜' 오리지널은 그리 많지 않다. 따라서 넷플릭스 오리지널이 무엇인지 면밀히 살펴본 후, 오리지널 콘텐츠의 산업적·문화적 가치를 논의한다. 넷플릭스 현지화 전략과 관련한 비영어권 넷플릭스 오리지널 현황도 살펴본다. 아울러 넷플릭스 오리지널이 갖고 있는 텍스트적 특성에 관해서도 논의할 것이다.

5장은 AI 활용 개인화 추천 시스템을 다룬다. 넷플릭스의 정체성을 가장 잘 나타내주는 것이 바로 기술적 혁신을 통한 개인화된 맞춤형 추천 시스템이다. 이 장에서는 알고리즘에 의한 맞춤형 추천과 이에 기반이 되는 2,000여 개가 넘는 세분화된 취향집단, 그리고 넷플릭스의 수만 개 알트 장르(Alt-Genre) 시스템과 이를 가능하게 하는 태깅(tagging) 작업에 관해 논의할 것이다. 그리고 마지막으로 '온-디맨드 유토피아(on-demand utopia)' 레토릭 뒤에 가려진 추천 시스템의 이면도 비판적으로 고찰해 본다.

6장에서는 새로운 TV 수용문화인 빈지워칭에 관한 이론과 연구들을 소개한다. 빈지워칭은 수용자들의 시청경험의 본질을 근본적으로 바꾸고 있다. 이 장에서는 빈지워칭의 기폭제가 된 넷플릭스 일괄출시 모델, 빈지워칭의 양면성을 살펴본다. 또한 빈지워칭의 사회문화적 의미를 일종의 연회와 자기 돌봄의 측면에서 논의한다. 마지막으로는 빈지워칭 환경에 맞게 변화하는 OTT 스토리텔링의 특성과 사례를 소개한다.

제3부 〈K-드라마의 글로벌 스파클(Sparkle)〉은 글로벌 시장에서 K-드라마의 인기 현황과 인기요인에 관해 분석, 논의한다. 또한 한국 드라마의 타국으로의 여행을 돕는 번역 문제를 다룬다.

7장에서는 넷플릭스 글로벌 TOP 100 순위내 진입한 인기 한국 드라마(2020-2022년)를 살펴보고, 그 인기가 글로벌, 권역별, 국가별로 어떤 차이를 보이는지 알아본다. 인기 K-드라마 유형은 1) 넷플릭스 오리지널 K-장르물, 2) 로맨틱 코미디, 3) 휴먼 & 일상물, 4) 퓨전 사극, 5) 새로운 S/F, 판타지 액션을 중심으로 살펴본다.

8장에서는 K-드라마 스토리텔링의 매력을 크게 4가지로 분류, 논의한다. 첫째, 넷플릭스 오리지널 K-장르물의 한국적 디스토피안 스펙터클, 둘째, 로맨틱 코미디 장르의 여성 서사의 진화, 셋째, 일상 드라마에 나타난 평범한 사람들의 위대성, 넷째, 한국의 가족 이야기 변화에 관해서 논의할 것이다. 이러한 K-드라마의 매력이 글로벌 팬들에게 어떤 힐링과 카타르시스를 주고 있는지도 살펴본다.

9장에서는 한국 드라마의 글로벌 이동에서 중요한 요소인 언어 번역(자막, 더빙)에 관해서 논의한다. 〈오징어 게임〉은 자칫 '라운드 6(Round 6)'라는 타이틀로 출시될 뻔했다. 작품의 타이틀을 비롯, 번역의 디테일은 작품의 흥행 성패를 가르는 매우 중요한 요소이다. 이 장에서는 넷플릭스의 자막과 더빙 작업 현장에 대한 논의를 포함하여, 〈킹덤〉과 〈오징어 게임〉을 둘러싼 번역 관련 일화도 소개한다. '문화적 진정성'과 '글로벌 접근성'의 균형 속에서 좋은 번역이 이루어질 수 있는 방안들도 살펴본다.

마지막 결론 부분에서는 한국 드라마의 미래 비전과 지향점을 모색해본다. 모든 대중문화 콘텐츠에는 흥망성쇠가 있다. 한국 드라마가 지속적인 인기뿐 아니라, 글로벌 대중문화 시장에서 고유한 영역을 만들어가기 위한 방안도 살펴본다.

이 책이 한국 TV 산업 종사자들과 연구자들이 한국 드라마의 발전과 미래 비전을 구상하는 데 도움이 되기 바란다. 아울러 더욱 창조적이고 매력적인 스토리텔링을 위해 고민하는 모든 한국의 문화 창작자와 이를 응원하는 독자들에게 유용하게 읽히기를 바란다.

마지막으로 책을 쓰는 동안 언제나 큰 힘이 되어주었던 나의 가족과 친구들, 동료들에게 사랑과 감사의 마음을 전하고 싶다. 자료 정리를 도와준 대학원 제자 이승경, 정성껏 책을 만들어준 한양대학교 출판부와 저술 지원을 해준 한양대학교에도 깊이 감사드린다.

2024년 3월

이종수

| 차례 |

| 1부 |

넷플릭스와 K-드라마의 만남

제1장

영상 플랫폼 제국의 성장과 한국의 발견

미디어 기성 권력에 대한 도전과 혁신의 아이콘이었던 넷플릭스가 이제 스스로 엔터테인먼트 업계의 최대 권력이 되었다. 2023년 5월 2일에 시작된 미국작가조합(WGA)의 파업에 7월 14일 할리우드 배우조합(SAG-AFRAN)이 합세하면서 63년만의 업계 최대 규모의 동반 파업이 시작됐다. 배우조합 파업 시위대가 넷플릭스 본사 앞에서 넷플릭스를 '대기업의 탐욕'을 대표하는 스트리밍 기업으로 비난했다(BBC News 코리아, 2023. 7. 14). 혁신 신생 기업에서 경계 지역을 통과해서 이제 그 스스로 특권적 영역으로 들어선 것이다. 이 장에서는 먼저 넷플릭스의 발전사를 혁신과 성장, 위기와 재성장의 주요 모멘텀을 중심으로 살펴보고자 한다. 그리고 넷플릭스라는 글로벌 플랫폼 제국의 성장에서 한국이라는 아시아의 로컬 기지가 왜 필요했는지를 논의해보고자 한다.

도전 기업에서 선도 기업으로

1997년 설립 이후 2023년까지의 넷플릭스 발전의 주요 모멘텀을 간략하게 도표화하면 아래와 같다.

그림 1 넷플릭스 타임라인

출처 : https://tridenstechnology.com/netflix-subscribers-statistics/#h-who-s-watching-netflix-in-2022 표를 필자 재구성

넷플릭스 설립 : 1997년 DVD 대여 서비스

넷플릭스 창업자 리드 헤이스팅스(Reed Hastings)는 1997년 퓨어 소프트웨어에서 함께 일한 동료인 마크 랜돌프(Marc Randolph)와 함께 실리콘밸리에서 DVD 대여 회사를 창업했다. 회사명은 인터넷을 뜻하는 '넷(Net)'과 영화를 뜻하는 '플릭스(Flicks, Flix)'를 합쳐 넷플릭스라고 지었다. 이름 그대로 인터넷에서 영화를 주문하는 서비스를 만들겠다는 것이다. '넷플릭스'라는 회사명에서도 드러나듯이, 넷플릭스의 DVD 사업의 시작은 당시 비디오 대여점인 블록버스터에서 비디오 테이프 형태로 영화를 빌려보던 '시네필(Cinephile)' 문화를 반영하고 있다(Hayes & Chmieleski, 2022).

1997년에 미국에 소개된 가볍고 우편배달이 가능한 초기 DVD 포맷

이 넷플릭스 사업의 호재였다. 여기에 넷플릭스는 과감하게 1999년부터 유료 구독 모델을 도입했다. 구독가입자는 추가 비용이나 연체료 없이 많은 DVD를 볼 수 있게 되었다. 유료구독 모델 외에도 넷플릭스는 '콘텐츠 추천' 시스템을 통해 가입자들의 마음을 사로잡았다. 사용자가 임대한 콘텐츠의 장르와 특징을 파악하고 분석한 후 사용자 취향에 맞는 콘텐츠를 추천해주기 시작한 것이다. 이러한 노력이 결실을 맺어 2003년 적자에서 흑자로 돌아섰고, 2005년에는 3만 5천 개의 콘텐츠를 보유하고 매일 1백만 개의 DVD를 유통하는 온라인 콘텐츠 대여업계의 강자로 입지를 굳히게 된다.

첫 번째 변화 모멘텀 : 2007년 인터넷 스트리밍 서비스 시작

2007년 오늘날 스트리밍 업계의 대부가 된 넷플릭스의 변화가 시작된다. 미국 내 인터넷 동영상 스트리밍 서비스를 시작한 것이다. 넷플릭스는 기존 동영상 스트리밍과 달리 철저하게 회원 구독제 서비스를 구성했다. 넷플릭스 회원에 가입하면 추가 비용 없이 넷플릭스의 모든 콘텐츠를 감상할 수 있었다. 더욱이 콘텐츠 중간에 광고는 철저하게 배제했다. 지상파와 케이블TV의 수많은 광고에 지친 미국 사용자들은 이러한 넷플릭스의 정책에 열광했다. 가입자가 급격하게 늘어나기 시작했다.

물론 처음에는 많은 콘텐츠 유통사가 넷플릭스의 스트리밍 서비스에 콘텐츠를 제공하는 것을 거부했다. 때문에 넷플릭스는 한동안 최신 콘텐츠는 DVD로, 오래된 옛날 콘텐츠만 동영상 스트리밍으로 제공해야 했다. 하지만 서비스 가입자가 늘어나고, 넷플릭스가 콘텐츠 유통사에게 지불하는 돈이 늘어남에 따라 점점 다양한 최신 콘텐츠를 갖출 수 있었다. 2010년을 기점으로 DVD 못지않게 다양한 스트리밍 콘텐츠를 제공할 수 있게 되었다. 이때부터 넷플릭스의 주력 서비스는 DVD 대여가 아닌 인터넷 동영상 스트리밍으로 넘어갔다.

두 번째 모멘텀 : 2013년 넷플릭스 오리지널 〈하우스 오브 카드〉의 대성공

넷플릭스의 두 번째 변화 모멘텀은 2011년에 넷플릭스 오리지널(넷플릭스 자체 콘텐츠)의 제작을 시작한 것이다. 넷플릭스는 오리지널 콘텐츠를 통해 콘텐츠 유통자의 지위에서 콘텐츠 제작자로 변신하게 된다. 넷플릭스는 최초의 오리지널 드라마로 2012년 〈릴리 해머〉를 개봉하고, 드디어 넷플릭스의 야심작인 〈하우스 오브 카드〉를 2013년 2월 1일 공개했다. 결과는 그야말로 대성공이었다. 평론가들은 〈하우스 오브 카드〉를 극찬했고, 이 드라마를 보려고 넷플릭스에 가입하는 사람들도 많이 생겨났다. 마치 HBO가 〈소프라노스〉라는 드라마로 고품질 영상 채널의 명성을 얻었듯이, 넷플릭스도 단박에 수준급 제작자의 지위를 얻게 되었다. 한편 〈하우스 오브 카드〉는 그 내용뿐 아니라, '일괄출시 모델'이라는 그야말로 도전적이고 실험적인 출시 방식으로 기존 영상 비즈니스의 룰을 완전히 깨뜨렸다.[1]

〈하우스 오브 카드〉의 성공 이후 넷플릭스의 오리지널 제작 투자는 더

1 〈하우스 오브 카드〉의 성공과 관련하여 넷플릭스가 어떤 회사인지를 알 수 있는 재미있는 일화가 있다. 넷플릭스의 홀랜드와 서렌도스는 유명한 영화감독 데이비드 핀처와 제작자에게 절대 거절할 수 없는 조건을 제시했다. 각 13회씩 두 시즌을 제작하는 데 1억 달러(1,300억 원)를 투자하겠다고 약속한 것이다. 뒤늦게 이런 조건을 알게 된 헤이스팅스는 펄쩍 뛰며 충격을 감추지 못했다고 한다. 서랜도스는 이 도박을 전형적 리스크 감수 비용으로 정의했다. "만약 실패하면 한 작품에 돈을 너무 많이 썼다는, 우리가 항상 안고 있는 리스크가 현실이 된 데 불과해요. 하지만 성공하면 이 사업의 방향을 근본적으로 바꿀 수 있죠."(데이드 헤이스 & 돈 호미텔레프스키, 2023, pp.102-3)

활기를 띈다. 액션, 코미디, 스릴러, 다큐멘터리 등 장르를 가리지 않고 다양한 콘텐츠를 생산했다. 영화 수준의 제작비를 투자한 대작 드라마(〈나르코스〉, 〈마르코폴로〉 등)도 선보였다. 거기다 파격적인 〈오렌지 이즈 더 뉴 블랙〉부터 〈기묘한 이야기〉까지 넷플릭스 오리지널의 존재감이 높아졌다. 넷플릭스의 오리지널 콘텐츠 전략의 성공은 OTT 시장 비즈니스 자체에도 많은 변화를 가져왔다. 첫째, 오리지널 콘텐츠가 OTT 가입자를 늘리는 효과를 가져온 것이다. 둘째, 넷플릭스뿐만 아니라 아마존 프라임, 구글 유튜브 등 경쟁사도 오리지널 콘텐츠 제작에 뛰어들었다는 점이다.

세 번째 모멘텀 : 2016년 넷플릭스 완전체 글로벌 스트리밍 서비스

2016년 넷플릭스 대표 리드 헤이스팅스는 CES 연설에서 넷플릭스가 스트리밍 서비스를 190개국 이상으로 확장하여 '전 세계 서비스'를 하게 되었다고 선언한다. 넷플릭스를 명실공히 '글로벌 인터넷 TV 네트워크'로 부를 수 있게 된 것이다.

2010년부터 꾸준히 외국 시장에 진출해 온 넷플릭스의 글로벌 확장의 결실이다. 2007년 미국내 서비스만 해오던 넷플릭스는 2010년 캐나다, 2011년 남미, 2012년 영국 및 북유럽, 2014년 서유럽 순으로 서비스 제공 국가를 늘려나갔다. 이후 2016년 1월에는 중국, 북한, 이라크 등 극소수의 국가를 제외한 전 세계 190여 개국에서 약 20개가 넘는 언어로 글로벌 서비스를 제공하기 시작하게 된 것이다. 중국 시장의 경우, 중국업체인 바이두의 동영상 스트리밍 서비스인 '아이치이(iQIYI)' 브랜드로 중국에 영상 콘텐츠를 공급하기로 했다. 따라서 넷플릭스는 전쟁 등의 특별한 이유를 빼고는 전 세계 모든 국가에 서비스를 제공하게 되었다.

폭풍 성장과 변화의 결실 : 2018년 세계 최대 엔터기업 등극

"넷플릭스, 디즈니 왕국을 제압하다"라는 기사 제목이 말해 주듯이, 넷플릭스는 2018년 디즈니를 누르는 세계 최강의 엔테테인먼트 기업으로 성장한다. 물론 인터넷 스트리밍 서비스를 시작한 후 넷플릭스는 지속적으로 급격한 성장세를 보여왔다. 2017년 가입자 1억 명에서 3년 후인 2020년 말 가입자 2억 명으로 증가했고, 넷플릭스는 OTT 서비스의 대명사로 선도기업의 자리를 차지했다.

여기에 코로나 19로 전 세계가 록다운되면서 넷플릭스를 포함한 OTT 플랫폼 서비스는 더 큰 성장세를 보인다. 넷플릭스로 대표되는 OTT 시장은 자가 격리와 재택근무 확산 등으로 집에 있는 시간이 많아진 코로나 팬데믹 기간에 가장 급성장한 업종으로 꼽혔다.

넷플릭스 위기와 재성장, 그리고 OTT 시장 경쟁 심화 : 2022년 이후

그러나 모든 미디어의 역사가 보여주듯이, 어떤 미디어 기업이든 늘 최고의 위치에 있을 수는 없다. 전 세계 OTT 최강자 자리를 지키던 넷플릭스가 휘청거리기 시작했다. 2022년 4월 19일 넷플릭스는 1분기 전 세계 넷플릭스 가입자가 11년 만에 처음으로 20만 명 감소했다고 발표했다(*2021년 4분기보다 20만 명 줄어든 2억 2,164만 명*). 넷플릭스의 부진한 실적에 충격을 받은 미증권가에서 넷플릭스 주가는 하루만에 25.7% 폭락했다.

"넷플릭스가 천정을 찍고 추락했다", '위기의 넷플릭스', '넷플릭스 쇼크', '추락한 천사' 등 국내외 기사가 연이어 등장했다. 그러나 이런 극적 표현들은 넷플릭스라는 기업에 대해 유난히 가혹한 '복수'를 한 것으로 평가되기도 한다. 실제 2022년 상반기 다른 빅테크 기업도 저조한 성적을 보였다. 업계에서는 흔히 "넷플릭스에 대한 시기('Schdenfreude' about Netflix)"라고도 부른다. 10여 년간 글로벌 OTT 플랫폼 시장에서 최강자로 군림해온 넷플릭스에 대한 일종의 시샘일 수도 있다는 말이다(Masters, 2022.4.20).

넷플릭스의 성장 한계와 부실한 성적에 대해서도 다양한 논의들과 향후 전망들이 나왔다. 넷플릭스 가입자 감소의 원인은 무엇보다 2021년부터 본격적으로 치열해진 OTT 시장 내의 경쟁, 우크라이나 전쟁을 비롯한 국내외 정세, 넷플릭스 자체 비즈니스 모델의 문제점 등이다. 근본적으로 새로운 넷플릭스 모델이 필요한 때라는 지적도 대두되었다(Blum, 2022.4.27).

2021년부터 OTT 시장 내의 과열 경쟁이 본격화되었다. 그야말로 OTT 무한경쟁 시대가 시작된 것이다. 글로벌 서비스로는 넷플릭스, 디즈니플러스, 아마존 프라임 비디오, HBO 맥스가 시장에서 두각을 보이고 국내에서는 웨이브, 티빙, 왓챠플레이, 시즌 등이 서로 경쟁을 하면서 글로벌 OTT 시장이 포화상태에 이르렀다는 평가도 나왔다(최홍규, 2022).

2023년 위기 극복과 OTT 시장 판도 변화

치열한 경쟁 속에서도 2023년 3분기 전 세계 넷플릭스 유료 구독 가입자 수는 876만 명 늘어 총 2억 4천만 명을 넘어섰다. 광고요금제 도입, 계정공유 금지 등 가입자 감소에 따른 실적 쇼크를 만회하려는 넷플릭스의 노선 변화로 우선은 그 위기 국면을 벗어난 듯 보인다.

2022년 1분기 가입자 감소 때문에 넷플릭스는 2022년 11월 광고요금제(ad-supported tier)를 선보였고, 최근 데이터에 의하면, 2023년 7월 신규 가입자중 1/4이 광고 요금제를 선택한 것으로 나타난다. 게다가 스트리밍 구독 수입이 감소하고 광고 수입이 늘어남에 따라 스트리밍 시장에서 혼합모델의 가치가 높게 평가되고 있다(Stoll, 2023.10.19).

OTT 시장의 위기는 글로벌 대기업간의 인수합병으로 이어지고 있다.

그림 2 2021~2023년 넷플릭스 유료 가입자 수 추이

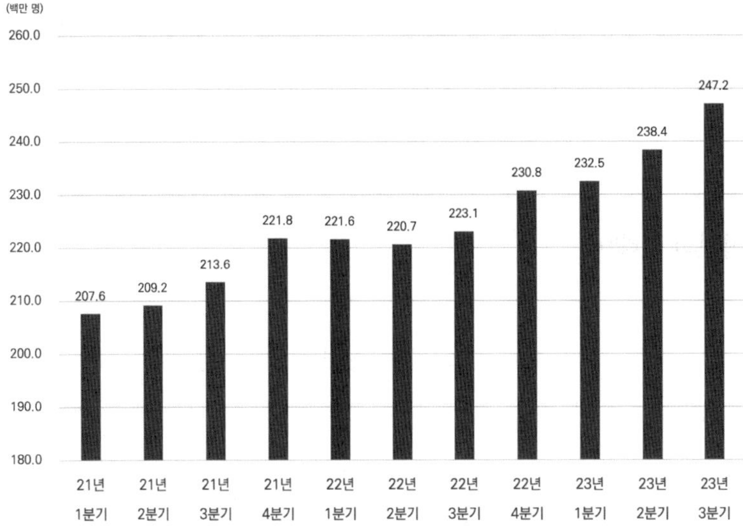

출처: https://www.statista.com/statistics/250934/quarterly-number-of-netflix-streaming-subscribers-worldwide/

국내업체들도 마찬가지다. 통신사-OTT 연합 경쟁도 치열하다. OTT가 이용자 유입 키워드로 부상했기 때문이다. 티빙은 2022년 12월 1일 KT의 OTT 서비스 시즌(seezn)을 흡수합병 완료했다. 이 합병으로 티빙은 550만 명의 이용자를 확보해 국내 1위로 올라서게 됐다. 최근 들어서는 애플TV와 파라마운트의 합병, 웨이브-티빙 합병 전망 등이 가입자들에게 미칠 영향과 콘텐츠 다양성 측면에 관한 논의도 화제가 되고 있다(이은지, 2023.12.11).

넷플릭스의 성장과 부침과 방향 전환은 어쩌면 시대 변화에 따른 당연한 결과일 것이다. 넷플릭스의 성장 자체가 혁신적 아이디어, 미디어 기술 환경 변화, 사회문화적 요인, 코로나 팬데믹 등이 시의적절하게 맞아떨어

진 결과물이다. 이와 마찬가지로 최근 넷플릭스의 부진한 실적 역시 전체 OTT시장 성장 둔화, 치열한 스트리밍 업체간의 경쟁, 그리고 넷플릭스 자체 비즈니스 모델의 한계를 드러내고 있다고 볼 수 있다.

혁신의 딜레마

혁신의 원동력은 대안적 세상을 상상하는 힘이고, 혁신 기업의 진정한 특성이 바로 대안적 세상을 지향하는 서사를 가진 기업이라면 아마도 전 세계에서 가장 혁신적 기업은 애플일 것이고, 그 최고의 순간은 2007년 아이폰의 출시라고 할 수 있다(이정동, 2022.8.8). 21세기 들어 그런 혁신 기업은 넷플릭스일 것이다. '규칙없음(no rules rules)'을 규칙으로 내세운 기업 문화와 '개인화', '선택의 자유', '넷플릭스다움' 등이 그런 도전과 혁신의 서사를 담고 있다.

그러나 2020년대 미디어 환경은 이전 애플의 시대와는 또 다른 초고속 융합과 치열한 경쟁의 시대이다. 이 속에서 넷플릭스가 새롭게 내세우는 가치와 서사는 무엇인가? 넷플릭스는 IT와 기존 미디어 기업의 기존 원칙들을 교란시키면서, 끊임없이 '유례없이' 빠른 속도로 변화하는 모자이크판을 만들어 왔다. 이런 의미에서 넷플릭스는 게임 체인저이자, 혁신가였다.

퍼스트 무버였던 넷플릭스가 이제는 OTT 생태계에 진입한 후발주자들—후발주자라고는 하지만 실제로는 올드 콘텐츠와 IT 강자들—의 거센 추격을 받고 있다. 중요한 점은 넷플릭스의 진짜 경쟁자로 등장한 것은 몇 년 동안 스트리밍 비즈니스에 있었던 기업들이 아니라, 자신들의 콘텐츠를 넷플릭스로부터 거둬들이고 있는 '콘텐츠'의 진짜 소유자인 디즈니, HBO 등 콘텐츠 강자들이라는 점이다. 넷플릭스를 떠난 주요 작품 리스트들이 점점 길어진다. '곧 넷플릭스를 떠날 작품들', '프렌즈 넷플릭스를 떠나다' 등의 기사도 자주 등장하고 있다.

특히 2022년 넷플릭스의 휘청거림 이후 스트리밍 생태계는 그야말로 혼돈에 빠졌다. 물론 아직도 넷플릭스가 OTT 플랫폼 선도기업으로서의 이점을 갖고 있지만, 중요한 점은 점점 더 격렬해지는 OTT 시장 경쟁 속에서 초창기 내세웠던 넷플릭스적 혁신 정신이 많이 변색되고 있다는 것이다.

넷플릭스의 역사를 살펴보면, 초기 '광고 없는' 유료 구독제의 도입은 넷플릭스 비즈니스의 파격이자 성장 모멘텀이었다. 이렇게 넷플릭스가 초기 자신의 강점으로 내세웠던 무광고 정책을 광고요금형(ad-tier contents)을 통한 구독료 차별화 정책으로 바꾸고 있다. 초기 넷플릭스가 내세웠던 기본원칙에 대한 일종의 현실적 타협으로 보인다. 이는 향후 광고주들의 보이지 않는 압력으로 넷플릭스의 혁신적 콘텐츠 제작을 위축시킬 위험을 안고 있다.

혁신 기업 넷플릭스의 또 다른 딜레마는 바로 '붉은 여왕의 가설(Red Queen Hypothesis)'이다. 좀 더 빨리, 더 많이 혁신하지 않으면 추격자와의 경쟁에서 살아남을 수 없다는 것이다. 넷플릭스의 규모와 위상이 커지면서, 원래 넷플릭스가 갖고 있던 신속한 결정과 자율적 문화를 지켜내기기 어렵다는 점이다.

넷플릭스의 현대판 마그나 카르타로 알려진 '넷플릭스 컬처 데크(Netflix Culture Deck)'에는 이렇게 쓰여져 있다. "우리는 세상을 즐겁게 만들고 싶다. 성공한다면 사람들은 지금보다 훨씬 많이 웃고, 공감하며 또 기뻐할 것이다. … 이를 실현하기 위해 우리는 놀랍고도 특별한 직원문화를 실천한다."(데이드 헤이스, 돈 호미엘레프스키, 2023, p.82) 그러나 이런 신선한 직장 분위기와 '투명성'이 때로는 과도한 소통으로 오는 부작용을 가질 수도 있다.

〈로마제국 쇠망사〉를 쓴 에드워드 기번은 이렇게 말했다. "작은 도시국가였던 로마가 특유의 개방성을 바탕으로 대제국이 되기까지는 긴 시간이 걸렸다. … 바로 이 현실적 개방성으로 로마는 제국이 됐다. 그리고 아이러니하게도 바로 이 때문에 서서히 멸망해갔다. 개방성은 제국을 가능하게도 했지만 제국을 멸망하게도 했다. 이것이 역사의 순환이다."(허연, 2012.4.6)

넷플릭스 제국이 거대해질수록 여러 가지 위험 요소도 많아질 것이다. 그리고 그 위험 요소를 지나치게 의식하면 자신의 원래 강점이었던 혁신성을 잃을 수 있다. 최근 광고형 요금제 도입처럼 가입자 규모를 늘리기 위해 자신의 초기 원칙을 변질시킨다면, 자칫 대형 할리우드 스튜디오처럼 창조적 열정을 서서히 잃어갈 수도 있다. 넷플릭스의 딜레마이다.

넷플릭스 글로컬 전략의 최고 파트너, 한국

넷플릭스의 성장사를 보면, 넷플릭스는 HBO나 디즈니와는 다른 제3의 길을 선택하여 자신의 성장세를 이끌어 온 것으로 보인다. 철저한 글로컬 전략을 통해 신생 스트리밍 기업의 이점을 극대화해 온 것이다. 초기 넷플릭스는 스스로의 경쟁자를 HBO로 내세웠다. 이후 OTT 플랫폼 시장에 디즈니와 같은 거대 영상 제작자와 애플 TV와 같은 IT 기반 기업들도 등장하면서 새로운 경쟁구도가 형성되고 있다.

넷플릭스와 디즈니플러스는 글로벌 확장에서 전혀 다른 비즈니스 전략을 갖고 있다. 디즈니플러스는 자사 소유 슈퍼 IP를 이용하면서 제한적으로 콘텐츠 현지화를 하고 있으며, 진출의 기반도 기존 디즈니 사업망 전체를 재활용하고 있다. 그러나 넷플릭스는 현지화를 주요 전략으로 로컬 콘텐츠를 최대한 많이 확보하고 로컬 제작자의 오리지널 제작에 적극 투자하는 길을 택했다(김선미, 김혜수, 김도희, 이헌율, 2023). 로컬 오리지널 제작과 로컬 라이선스 콘텐츠는 한 국가 내, 혹은 권역 내의 넷플릭스 가입자를 유인하는 가장 좋은 유인책이며, 넷플릭스가 로컬 제작진들을 활용하여 할리우드보다는 훨씬 저렴한 제작비로 좋은 퀄리티의 콘텐츠를 확보할 수 있는 방법이다.

이렇게 현지화를 내세우는 넷플릭스가 최고의 로컬 파트너로 선택한 것이 바로 한국이다. 이미 북미, 유럽의 서구권 가입자들의 증가가 정체된 상태에서, 추가 구독자를 창출할 수 있는 아시아 시장 공략의 최고의 전진기지가 되는 셈이다(김재희, 2020.7.1). 한국은 이미 한류를 통해 아시아 시장 내에서 확실한 선호도를 확보하고 있고, 글로벌 시장에서도 경쟁력 있는 작품을 만들어 낼 수 있는 충분한 제작 역량을 갖춘 나라이다.

여기에 최근 K-팝과 〈기생충〉 등 한국 영화의 선전으로 한국 대중문화에 대한 인지도와 평가도 많이 올라가 있는 상태이다. 여러 이유에서 '한국'은 넷플릭스의 글로벌 확장에 반드시 필요한 로컬 기지라고 볼 수 있다. 물론 한국도 넷플릭스를 필요로 했다. 한국의 제작자들도 글로벌 관객, 대형 제작비, 그리고 기존 네트워크사의 제약을 뛰어 넘는 자유로운 소재와 표현의 장을 원했다.

한국 넷플릭스는 2016년 1월 6일 설립되었다. 2016년은 넷플릭스가 전 세계에 스스로를 '글로벌 인터넷 TV'라고 선언하면서 전 세계 동시 스트리밍 시스템을 완료한 시기와도 맞물린다. 2018년 이후 넷플릭스의 한국 오리지널 드라마 투자가 본격화되고, 2019년 〈킹덤〉 시즌 1이 공개되었다. 그리고 2021년 〈오징어 게임〉의 메가 히트 이후, K-드라마 붐이 이어지고 있다. 넷플릭스가 추구해 온 글로컬 전략의 비전과 과감한 투자와 한국 드라마 제작의 축적된 힘이 만들어낸 전략적 동맹과 파트너십의 결과물이다.

제2장

넷플릭스 정체성과 초국가성

OTT 플랫폼이라는 용어가 TV를 한 물간 미디어처럼 보이게 하고, 초국가성이라는 개념은 영상물 유통과 수용에서 국내 미디어의 중요성을 약화시켰다. 변화를 가져온 주역이 넷플릭스이다. 그러나 정작 '넷플릭스가 무엇인가'라는 근본적인 질문에는 학계, 산업계, 그리고 일반 수용자들 사이에서 정확하게 일치하는 답변을 찾기 어렵다. 넷플릭스의 OTT 플랫폼적 특성을 강조하는가, 아니면 인터넷 TV적 특성을 강조하는가에 따라 넷플릭스의 정체성은 다르게 정의된다. 넷플릭스의 존재론적 정의를 어떻게 내리는가에 따라 넷플릭스 연구의 초점과 규제의 틀도 달라질 수밖에 없다. 또한 넷플릭스는 분명 글로벌한 초국가적 기업이지만 여전히 개별 국가의 특정한 맥락 속에서 다르게 작동하기도 한다. 이 장에서는 넷플릭스의 정체성, 넷플릭스 연구의 서로 다른 전통(TV 연구 & 디지털 미디어 연구), 그리고 넷플릭스의 초국가적 특성과 더불어 개별 국가적 특성과의 교섭 등을 논의해보고자 한다.

넷플릭스 정체성 : OTT 플랫폼 vs. 인터넷 TV

넷플릭스를 테크 기업(OTT 플랫폼 기업)으로 볼 것인가, 아니면 콘텐츠 기업(엔터테인먼트 기업)으로 볼 것인가? 흔히들 넷플릭스는 실리콘 밸리 DNA와 할리우드 DNA를 동시에 가진 기업이라고 말한다. 넷플릭스 창업자인 리드 헤이스팅스는 이에 대해 넷플릭스는 "'콘텐츠 유통자와 최첨단 기술 회사'라는 모습 두 가지, 그리고 '좋은 콘텐츠를 생산하면서, 동영상 스트리밍 서비스 시장의 기술을 선도하는 회사'가 되고자 한다"고 밝힌 적이 있다(강일용, 2017.6.12). 넷플릭스를 표현하는 용어도 다양하다. OTT 플랫폼, 글로벌 인터넷 TV, SVOD(Subscription Video-on-demand) 서비스, 스트리밍 엔터테인먼트 기업 등이다.

OTT(Over-the top) 서비스란 인터넷을 통해 동영상 콘텐츠를 전송하는 서비스다. 'Over-the-top'이란 표현은 기존의 케이블이나 위성을 통한 TV 배급 방식을 뛰어넘어(셋톱박스를 뛰어넘어) 인터넷을 통한 유통이라는 '기술적'인 배급 특성을 강조하는 용어이다. 한편 인터넷 TV는 기존의 텔레비전 콘텐츠를 인터넷을 통해 전달하는 TV라는 의미로 'TV 콘텐츠'를 인터넷을 통해 제공한다는 의미를 강조한다. 물론 OTT 서비스와 인터넷 TV 모두 혼용될 수 있지만, '배급방식'의 기술적 혁신을 강조하는가, 아니면 '콘텐츠'적 특성을 강조하는가에 따라 약간의 차이점이 있다.

한편 SVOD는 OTT 서비스의 '사업모델'을 강조한다. OTT 사업모델은 광고가 지원되는 AVOD(Advertising VOD), 비디오 스트리밍 서비스를 유료 구독하는 방식인 SVOD(Subscription VOD), 영화 또는 시리즈를 개별 구매하는 방식인 TVO(Transactional VOD)와 같이 크게 3가지로 나뉜다. 이 가운데 넷플릭스는 SVOD 모델의 대표적 사례이다.

그렇다면 넷플릭스가 스스로 내리는 기업의 정체성은 무엇인가. 과거에는 OTT 플랫폼이라는 '콘텐츠 유통자'로서의 디지털 기술과 배급 특성을 강조했다면, 최근 들어서는 인터넷 TV라는 특성을 강조하면서 '콘텐츠 제공자'로서의 특성을 강조한다(2016년, 헤이스팅스의 '글로벌 인터넷 TV' 선언). 또한 '스트리밍 엔터테인먼트사'로서 새로운 엔터테인먼트사로의 특성을 강조한다. '전 세계 선도적인 인터넷 엔터테인먼트 서비스'(넷플릭스 사이트, 2019-2022년), '전 세계 선도적 스트리밍 엔터테인먼트 서비스'로 스스로를 소개하고 있다(넷플릭스 사이트, 2023년).

물론 약간씩 그 용어가 바뀌고 있지만, 넷플릭스 정체성에서 가장 중요한 것은 바로 기존의 선형 TV를 대체하는 새로운 형태의 인터넷 스트리밍 엔터테인먼트의 혁신성이다. 넷플릭스는 이전의 유튜브, 오디오, 게임 엔터테인먼트와도 차별화되는 '큐레이트 비디오(curated video)' 엔터테인먼트 서비스이다. 넷플릭스는 기존의 인터넷 TV 혹은 스트리밍 서비스의 기본적 특성을 갖고 있으면서, 이를 과거 우리가 영상물을 접하던 VOD, TV의 경험을 끌어들이면서 새로운 엔터테인먼트 기업으로 한 단계 업그레이드했다고 볼 수 있다.

이러한 융합적이면서 동시에 혁신적인 특성으로 인해, 실제로 넷플릭스는 일관성있게 자신의 정체성을 아우르는 하나의 슬로건을 내세우지는 않는다. 예를 들면, HBO는 "It's Not TV, It's HBO"라는 슬로건을 통해 HBO가 마치 영화와 같은 고퀄리티 TV 프로그램 제작자라는 확고한 정체성을 드러냈다. 아마도 넷플릭스의 포괄적 정체성을 요약하는 단 하나의 슬로건을 내세우기는 쉽지 않을 것이다. 대신에 끊임없이 넷플릭스가 강조하는 파격적 변화와 혁신, 글로벌 확대(늘어나는 구독자 수와 라이브러리의 확대), 경쟁기업과의 비교 등은 넷플릭스 호전성을 보여준다(Stuever,

2017.8.22). 한 마디로 넷플릭스의 정체성은 바로 기존 미디어 기술, 산업, 엔터테인먼트 모델과 대비되는 비주류적 특성이고, 기존 OTT 플랫폼, 인터넷과 스트리밍 서비스를 융합하면서, 동시에 뛰어넘는 혁신성이다.

넷플릭스 연구의 두 전통 : TV 연구 vs. 플랫폼 연구

라몬 로바토(Ramon Lobato, 2019)는 넷플릭스에 대한 존재론적 정의에 따라 학문적 연구 프레임이 달라진다고 주장하면서, 대표적인 두 가지 연구 경향을 크게 TV 연구와 플랫폼 연구로 나누고 있다. 첫째는 넷플릭스를 TV 연구의 큰 틀 안에서 TV의 디지털 변형과 포스트-TV적 특성을 중심으로 연구하는 경향이다. 둘째는 인터넷과 플랫폼 연구의 틀에서 연구하는 것이다. 국내에서도 다양한 논문을 살펴보면, 넷플릭스의 '포스트, 인터넷 TV'적 특성을 강조하는 연구와 'OTT 플랫폼'적 측면을 강조하는 연구 경향으로 나뉜다고 볼 수 있다.

물론 이 두 가지 연구 전통은 서로 연관되어 있기는 하지만, 지적 잠금(intellectual lock-in) 효과를 피하기 위해서는 두 연구 전통의 차별성과 연관성을 명확히 하는 것이 필요하다. 만약 넷플릭스를 기존의 TV와의 유사성과 차별성의 차원에서만 연구하다 보면, 넷플릭스와 다른 디지털 미디어와의 연관성을 놓치게 된다. 다른 한편으로 소프트웨어적(IT 기술) 차원에 초점을 맞추게 되면, 넷플릭스가 기존의 영화 산업과 맺고 있는 구조적 관계를 간과하게 된다(Lobato, 2019, p.22)

TV 연구 전통 : 넷플릭스는 여전히 TV인가?

TV 연구는 끊임없는 변화 속에 있다. 최근 다양한 종류의 디지털 기술이 어떻게 TV 산업을 변형, 확장 그리고 지속시키고 있는지에 대한 많은 포스트 융합(post-convergence) 연구와 이론들이 생겨났다. 이 연구 분야에서의 핵심 질문은 "텔레비전은 현재 무엇인가, 미래에 어떤 것이 될 것인가? 매체, 유통시스템, 텍스트로서의 TV라는 존재는 과연 무엇인가"이다. 이런 연구전통들은 주로 TV 발전의 역사적 흐름 속에서 TV1, TVII, TVIII(digital distribution) 이후의 TVIV 등으로 구분하기도 한다. 인터넷 유통 텔레비전(Internet-distribute Television), 알고리즘 TV라는 용어를 사용하기도 한다.

이 분야의 대표적 미국의 TV 연구자인 아만다 로츠(Amanda Lotz; 2014 & 2017)는 넷플릭스가 기존 TV 역사 속에 혁명적 변화를 가져온 '인터넷 TV'라는 점을 강조한다. 왜냐하면 넷플릭스는 TV 세트를 통해 TV 콘텐츠를 시청해야 한다는 우리의 오랫동안 축적된 감각을 부숴버렸을 뿐 아니라, 넷플릭스 메뉴 목록판(Netflix Queue- 넷플릭스 대기열)을 통해 비선형 TV로부터 완전히 다른 형태의 시청 패러다임을 제공했다는 점이다(Lotz, 2017, p.74). 리니어 TV의 선형적 편성에서 콘텐츠를 자유롭게 만드는 것, 그리고 큐레이트된 풍부한 콘텐츠 라이브러리에서 수용자들이 개인적으로 선택한 콘텐츠 수용이 가능해진 것은 기존 TV 모델과는 완전히 다른 확실한 변혁이다.

그럼에도 불구하고, '넷플릭스는 여전히 TV인가'하는 질문은 오래전부터 제기되어 온 TV의 미래에 관한 논쟁과도 연관된다. 새로운 인터넷 TV의 변화(변혁)의 정도, 혹은 연속성, 불연속성을 강조하는 데에는 학자마다 차이가 있다. 윌리엄 우리치오(William Uricchio, 2004)는 개인적 TV와 상호작용적 TV의 변혁을 단순히 인터넷 시대의 혁명으로 국한시키기보다는 20세기 전반에 걸친 TV의 변화 연장선상에서 이해할 것을 제안한다. 이미 VCR, 위성TV, 케이블 등을 통해 TV는 개인화되기 시작했고, 시청자의 통제, 새로운 형태의 상호작용성의 확대가 시작되었다는 것이다. 이런 이유로 많은 학자들은 포스트-브로드캐스트, 포스트-네트워크라는 용어를 사용하면서 완전히 다른 존재로의 획기적 변화(X에서 Y로)보다는 새로운 기술, 시스템, 제도, 그리고 시청문화의 퇴적층(케이블, 위성, 인터넷, 모바일 기술)이 브로드캐스트 TV로 통합한 것으로 본다(Turner & Tay, 2009; Lotz 2014).

또한 텔레비전의 제도적 힘이 여전히 중요하기 때문에 이를 평가절하해서는 안 된다는 주장도 있다. 'TV는 아직 죽지 않았다'는 것이다. 오히려 텔레비전 제도는 디지털 미디어 시장에서 여전히 제도적, 구조적으로는 미디어 산업의 중심에 서 있다고 주장한다.

마이클 월프(Michael Wolff, 2015)는 TV를 붕괴시킨 실리콘 밸리의 디지털 신화를 새롭게 해석한다. TV가 최종적으로 디지털 미디어를 길들이고 흡수했다는 것이다. 넷플릭스가 이러한 디지털의 '리버스 엔지니어링(reverse engineering)'의 대표적 사례이다. 넷플릭스 서비스는 인터넷스럽기보다는 점점 더 텔레비전스럽게 바뀌고 있다. 월프의 주장에 의하면 넷플릭스는 인터넷 미디어의 상호작용적 행동유도성보다는 점점 기성의 내러티브 구조, 미학, 그리고 경험을 선호하는 쪽으로 가고 있다. 즉, 텔레비전과 유사한 프로그램. 가치, 행위(수동적 시청행위)를 상호작용적인 컴퓨터와 연결된 화면으로 가져온다. 물론 인터넷 TV 서비스가 혁신적이기는 하지만, 이를 접하는 시청자에게는 여전히 과거의 텔레비전과 유사한 경험을 제공한다.

이런 시각으로 보면, 능동적 수용자의 몰입 시청행위로 여겨지는 빈지워칭 역시 과거 카우치 포테이토의 수동적 TV 시청 행위와 유사성도 많다. OTT 서비스는 영상 콘텐츠의 유통과 기술 측면에서는 놀라운 혁신을 가져왔지만, 여전히 OTT 콘텐츠에 대한 수용자의 기대와 수용경험은 텔레비전적 요소가 많다는 것이다.

한국의 경우도 넷플릭스의 대중적 확대와 가입자 증대에 크게 기여한 것은 넷플릭스를 기존의 IPTV인 LG 유플러스나 올레TV를 통해 TV 세트를 통해 편리하게 접근할 수 있었다는 점이었다. 특히 넷플릭스가 오리지널 콘텐츠를 확대해가면서 스스로가 하나의 새로운 '대안적' TV처럼 변화하고 있다는 점도 주목할 필요가 있다.

'이것은 여전히 TV인가?'라는 질문은 단순하게 예, 아니오로 대답하기 어렵다. 중요한 것은 어떻게 어느 정도 변화하는가, 그리고 그 변화는 전체 미디어 역사에서 어떤 의미를 갖느냐의 문제이다. 기술적 변화의 역사에서 변화와 정체는 단순히 공존하는 것이 아니라, 서로를 감싸 안기도 한다. 인터넷 TV의 유통은 TV 경험(수용 기술, 가정내 공간, 텍스트 포맷)이 디지털 비디오 플랫폼의 내재적인 비선형성, 상호작용성과 공존할 수 있도록 해준다(Lobato, 2019, p.33).

넷플릭스를 TV 연구의 프레임 안에서 살펴보는 것은 유익성과 위험성이 동시에 존재한다. 아마도 상호보완적 접근이 바람직할 것이다. 넷플릭스는 시청자들이 하나의 콘텐츠를 즐기는 동안은 TV 시청과 같은 즐거움을 줄 것이다. 그러나 그 유통과 선택의 논리는 기술적, 경제적, 구조적으로 완전히 다른 것이다. 즉 겉으로는 기존 TV 이미지와 동일한 외양을 가졌지만, 그 속에서는 완전히 다른 논리가 작동하고 있다.

디지털 플랫폼 연구 시각

플랫폼 연구 시각에서는 넷플릭스를 컴퓨터와 소프트웨어 중심의 디지털 미디어 서비스로 접근한다. 그리고 TV와의 유사성과 차별성에 관심을 갖기보다는 다른 디지털 미디어와의 연관성 속에서 접근한다. 예를 들면, 비디오 플랫폼인 유튜브, 유쿠, 훌루, e-커머스와 소셜미디어 네트워크(페이스북, 트위터, 아마존, 웨이보) 혹은 다른 소프트웨어 상품들이다.

'플랫폼'이라는 단어는 일반적으로 사용자 상호작용성과 사용자 생산 콘텐츠(UGC)를 전제로 하는 대규모 온라인 시스템이다. 물론 넷플릭스는 다른 소셜미디어와 같이 개방적, 소셜, 협업적인 플랫폼은 아니다. 더욱이 넷플릭스는 광고 비즈니스 모델은 아니다(2022년 이후 넷플릭스는 광고 혼합형 비즈니스를 채택하기는 했다). 따라서 넷플릭스는 전형적인 플랫폼이라기보다는 폐쇄된 도서관과 같은 일종의 '프로페셔널한 포털(Professional portal)'로 보는 것이 더 적절할 수 있다(Lotz, 2017).

그럼에도 불구하고 넷플릭스를 이해하는 데는 플랫폼 연구 전통에서 많은 통찰을 얻을 수 있다. 플랫폼 연구는 2개의 주요 계보가 있다. 첫 번째는 플랫폼을 다른 프로그램을 지원하는 하드웨어, 소프트웨어 프레임워크라고 보는 시각이다. 한 마디로 가장 순수한 형태의 플랫폼은 중립적이다. 다른 계보의 플랫폼 연구는 비판적 커뮤니케이션과 인터넷 연구전통으로부터 온다. 여기서 플랫폼은 "사용자의 공유된 콘텐츠를 주관(진행), 조직, 그리고 순환시키는 사이트와 서비스"라고 정의할 수 있다. 중요한 것은 플랫폼은 중립적인 것이 아니라, 인터페이스 디자인, 서비스, 알고리즘 추천 시스템을 통해 일정한 방향의 커뮤니케이션, 상호작용, 그리고 소비를 촉진시킨다는 점이다(Gillespie, 2018, p. 254).

따라서 엄격한 의미에서 넷플릭스는 소셜미디어 플랫폼이 아님에도 불구하고 스스로를 플랫폼으로 정의하면서, 정부의 영화와 TV 콘텐츠에 대한 규제를 벗어나고 있다. 예를 들면, 인도에서 넷플릭스는 방송이 아닌 인터넷 제공 서비스로 주장함으로써 인도 방송사에 적용되는 음란성 정책의 제재를 받지 않는다.

통합을 위해서

넷플릭스는 때로는 TV 연구의 틀에서 때로는 플랫폼 연구의 틀에서 논의된다. 넷플릭스 스스로도 이런 양면성을 필요할 때마다 다르게 강조한다. 정부를 상대할 때는 환영하지 않는 규제를 받는 텔레비전보다는 디지털 미디어 서비스(중립적 플랫폼)임을 강조한다. 그러나 마케팅 측면에서 수용자에게 친근성을 주기 위해 끊임없이 '텔레비전'적 측면을 강조한다. 넷플릭스의 인터페이스 디자인은 '영화적' 수용 경험을 불러일으키기를 선호하지만, 구독 비즈니스 모델은 '페이 TV'와 비슷하다. 그렇지만 알고리즘 추천 시스템은 페이 TV와는 완전히 다른 뉴미디어적 특성을 갖고 있다. 다시 말해 넷플릭스는 이전의 미디어 기술을 재매개하는 하이브리드 기술이며, 이 연계의 혼합은 끊임없이 변화하고 있다, 넷플릭스는 바로 이런 텔레비전의 본질적 유동성과 혼종성을 잘 드러내는 중요한 연구대상이다(Lobato, 2019, pp.43-4).

중요한 것은 넷플릭스가 새로운 하이브리드 TV냐, 디지털 플랫폼이냐를 따지기 보나는 이 두 가지 특성을 다 가진 새로운 매체 양식으로 상호보완적 시각으로 접근하는 것이 바람직하다. 넷플릭스의 디지털 미디어로서의 특성(상호작용성 모드, 알고리즘 필터링, 규제의 어려움, 유통 기능)을 인식해야 한다. 다른 한편으로는 넷플릭스와 기존 방송 미디어와의 연속성을 제대로 인식해야 한다. 특히 텍스트 몰입과 경험 측면에서 넷플릭스를 다른 디지털 플랫폼과 같이 취급해서는 안된다. 넷플릭스는 TV-영화-디지털 유통 시스템의 혼합물이며, 올드 미디어의 수용 경험과 미학적 특성과 연관되어 있기 때문이다. 그렇다고, TV 연구의 기존 이론을 이용하는 것도 충분하지 않다. 바람직한 접근은 TV(스크린 영상)와 디지털 미디어 연구 양쪽을 다 알고, 이 탐구방법 사이를 오고가는 것이다(Lotato, 2019, p.45).

넷플릭스의 초국가성 : 글로벌 vs. 내셔널

넷플릭스 대표 헤이스팅스는 2016년 CES 연설에서 "당신은 글로벌 TV 네트워크의 탄생을 목격하고 있습니다."라고 거의 완전한 글로벌 서비스를 선언한다. 넷플릭스는 전 세계 190여 개국에 동일한 콘텐츠를, 동일한 시간에 일괄출시 공개한다. 기존 영화와 TV 프로그램의 윈도윙을 생각해 볼 때 글로벌 동시개봉은 실로 놀라운 특성이다, 그런 의미에서 넷플릭스는 글로벌한 기업이다.

넷플릭스의 멀티내셔널한 특성[1]은 아래 요소로 설명될 수 있다. ①가입자의 로케이션과 국가별 접근성이다. 2016년 1월 이후, 넷플릭스의 글로벌 접근가능성(중국, 시리아, 크리미아, 북한은 제외)이 높아지면서 전 세계의

1 사실 '트랜스내셔널' '멀티내셔널' '글로벌'이라는 개념도 엄격하게 구분하면 차이가 있지만, 이 책에서 다루기엔 방대한 내용이라 간략히 아래와 같이 요약한다. 트랜스내셔널 텔레비전은 텔레비전 유통 시스템이 국가간 경계를 넘는 서비스이고, 글로벌 텔레비전은 텔레비전 서비스가 많은 국제적 시장을 '동시에' 작동하는 시스템을 말한다. 넷플릭스는 그 정의에 따르면 트랜스내셔널하면서 동시에 글로벌하다. 그러나 HBO는 특정지역, 특정국가에만 제공하기 때문에 트랜스내셔널하지만 글로벌하지는 않다.

190여 개국 이상의 가입자를 갖고 있다. ②넷플릭스 조직의 다국가성이다. 넷플릭스 해외지국과 종사자의 다국적 비중이 매우 높다. ③넷플릭스 라이브러리의 다국화이다. 미국 내 기반을 둔 구독 서비스에서 전 세계 시장으로의 확장을 내세우면서, 넷플릭스 라이브러리에서 프로그램의 국가적 다양성이 매우 높아졌다. 여기에 넷플릭스가 제공하는 매우 다양한 다언어 프로젝트(오리지널 콘텐츠의 자막과 더빙)도 멀티내셔널한 중요한 요소이다. ④로컬 프로덕션의 확대이다. 넷플릭스가 다른 SVOD와 차별화하는 전략은 미국 밖에서 넷플릭스가 상당히 많은 양의 현지화된 비영어(non English) 넷플릭스 오리지널 콘텐츠를 생산, 유통한다는 점이다(Lobato, 2019, p.70).

이와 같이 기본적으로 넷플릭스는 글로벌하게 작동하지만, 중요한 측면에서 여전히 내셔널하다. 먼저 국가별 저작권 라이선싱의 측면에서 볼 때 넷플릭스는 매우 지역적(혹은 준 글로벌[quasi-global])이다. 한 마디로 넷플릭스는 글로벌하지만, 그 라이선스에 있어서는 국가적이다. 그뿐만 아니라 국가간 다른 문화적 정책으로 넷플릭스가 개별 국가의 특수한 맥락과의 교섭 속에서 서로 다르게 작동하고 있다. 국가별 특정한 미디어 정책과 규제, 산업 환경—특히 오디오 비주얼 에코시스템, 인터넷 접근성—하의 넷플릭스는 내셔널한 특성을 보인다. 로바토(Lobato)는 〈넷플릭스 국가〉(Netflix Nation, 2019)에서 넷플릭스를 '하나의 플랫폼에 묶인 내셔널 미디어 서비스의 집합체(a collection of national media services ties together in one platform)'(p.184)라고 정의한다.

또한 넷플릭스가 글로벌 확장을 하는데 있어 개별 국가의 다채널 제공자와의 관계 역학 속에서 각각 다른 양상을 띠고 있다. 웨인과 카스트로(Wayne & Castro, 2021)는 이스라엘과 스페인의 사례를 비교연구하면서, 넷플릭스의 글로벌 확장이 각 국가적 맥락에 따라 얼마나 다른 산업적 형태를 띠고 있는지를 잘 보여주고 있다. 즉, 넷플릭스의 글로벌 확장은 개별국가 내의 산업형태와 역동적으로 교섭과정을 거치는 것이다.

국가마다 다른 넷플릭스 카탈로그

넷플릭스의 내셔널한 특성을 가장 잘 보여주는 것이 바로 국가별로 다른 넷플릭스 라이브러리(카탈로그)이다. 넷플릭스 카탈로그의 규모와 내용은 국가마다 큰 차이가 있다(정윤경, 2022). 미국 넷플릭스의 경우 5,087개 타이틀을 갖고 있다면, 수단의 넷플릭스는 908개의 타이틀만을 제공하고 있다(Lovely, 2023.9.8).

또한 라이선스 현황에 따라 국가마다 제공되는 콘텐츠들도 자주 바뀐다. 현재(2023.12월) 미국 넷플릭스 라이브러리에는 총 299편의 한국 드라마와 영화가 있는데, 이 가운데 한국이나 아시아권에서 매우 유명한 한국 드라마가 없는 경우도 있다(예를 들면, 〈도깨비〉, 〈태양의 후예〉, 〈스카이 캐슬〉 등의 드라마는 예전에는 없다가 최근에 등록되었다(Dixit, 2021.11.9).

특히 넷플릭스의 지역별 차단(Geo-blocking)으로 어떤 지역에서 매우 인기있는 프로그램이 다른 지역에서 아예 불가능한 경우가 많다. 예를 들면, 기네스북에 오른 텔레노벨라 역사상 가장 성공적인 작품으로 손꼽히는 〈요 소이 베티 라 페아〉(yo-soy-betty-la-fea)(일반적으로 〈Ugly Betty〉라는 리메이크 작품으로도 널리 알려짐)의 경우, 미국·영국 넷플릭스를 포함하여 한국 넷플릭스에서는 시청이 불가능하다. 한때 홍콩 넷플릭스에서 〈하우스 오브 카드〉가 제공되지 않았던 때도 있다. 최근 이런 지역별 차단과 이를 VPN 서비스를 통해 접근할 수 있는 방법에 대한 인터넷 사이트도 많이 등장했다. 주로 구독료가 저렴한 국가로 우회 가입하는 VPN 우회 결제 방식은 불법은 아니지만 이용 약관에 어긋나서, 계정이 정지될 수도 있다(엄지민, 2023.12.13).

현재 국가별 넷플릭스 카탈로그 현황은 아래와 같다(〈그림 3〉 참고).

그림 3 국가별 넷플릭스 카탈로그 차이(2023년 3월 기준)

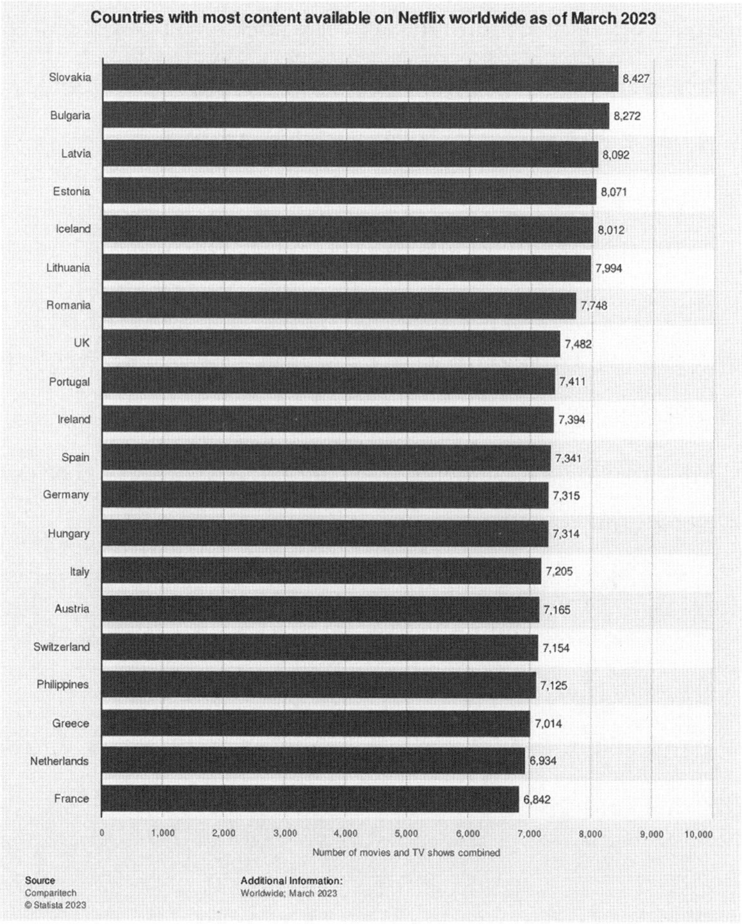

출처: https://www.statista.com/statistics/1013571/netflix-library-size-worldwide/

수용자들의 글로벌, 로컬 콘텐츠 혼합 시청

수용자들도 글로벌과 로컬 사이에서 선택하는 것이 아니라, 자신의 일상 삶에서 이를 혼합한다. 다른 시간대, 다른 목적으로 로컬과 글로벌을 손쉽게 연결한다.

실제로 최근 한국 넷플릭스에서 가장 높은 인기를 얻고 있는 것이 현재 방영되고 있는 한국 드라마이거나 최근 개봉된 한국 영화들이다. 외국 콘텐츠도 즐겨보지만 수용자들의 취향은 여전히 로컬에 기울어져 있다. 그들의 언어로, 익숙한 얼굴로, 그리고 자신의 현실과 맞닿아 있는 스토리를 원한다.

글로벌 차원에서 일관성 있는 넷플릭스 효과는 없다. 넷플릭스는 서로 다른 국가적 맥락에서 매우 다른 효과를 갖는다. 각 나라마다 넷플릭스의 시장에서의 지위와 인기도 다르다. 예를 들면, 인도에서 넷플릭스의 유저 기반은 영어를 사용하는 도시 엘리트들이다. 반면 북미, 호주, 서유럽에서는 다양한 그룹의 사용자가 즐기는 비교적 저렴한 대중적 매체라는 인식이 강하다.

다시 말해 넷플릭스는 획일적인 글로벌 서비스라기보다는 각 국가마다 내적으로 차별화된 서비스이다. 넷플릭스가 새로운 국가의 로컬 마켓에 진입할 때마다 각기 서로 다른 이야기가 전개된다. 따라서 어느 국가에 속하는가에 따라 넷플릭스의 글로벌화 효과는 매우 다르게 인식될 수 있을 것이다.

제3장

넷플릭스발 한국 드라마 제작 패러다임 변화

2016년 1월 6일 넷플릭스 한국 진출 이후 한국 드라마 제작 시장에 글로벌로 향하는 새로운 기회의 문이 활짝 열렸다. 초기에 국내 사업자들로부터 약간의 저항이 있었지만 넷플릭스는 한국에 연착륙했다. 넷플릭스의 과감한 오리지널 제작투자 확대와 한국 라이선스 드라마의 확보로 글로벌 넷플릭스 라이브러리에 한국 드라마가 풍성해지고, 한국은 2021년 4분기에 전 세계 넷플릭스의 최고 인기 콘텐츠 제공자 2위로 성장했다(The Korea Times, 2022.1.19).

이 장에서는 넷플릭스가 한국 드라마 제작 시장에 어떤 변화를 가져왔는지 그 긍정적, 부정적 측면을 살펴보고, K-드라마 붐의 촉매제가 된 넷플릭스 오리지널 드라마의 제작사와 제작진을 면밀하게 검토해 보고자 한다. 마지막으로 한국 드라마 스튜디오 시스템의 진화를 논의하고자 한다.

한국 드라마 시장의 화수분이자 포식자

모든 예술 작품이 세상에 빛을 보기 위해서는 '제작비'라는 현실과 부딪힌다. 거대한 제작비는 대작 드라마뿐 아니라, 거장 감독들에게도 꼭 필요한 조건이 되어가고 있다. 2023년 10월 극장 상영된 마틴 스코세이지의 〈플라워 킬링 문〉은 세 시간이 훌쩍 넘는 대작이다. 애플 TV 플러스가 영화관 상영 후 스트리밍 권리를 받는 조건으로 이 영화를 지원했다. 물론 마틴 스코세이지 감독은 이미 넷플릭스의 지원을 받아 넷플릭스 오리지널 영화 〈아이리쉬맨〉(2019)을 제작한 경험이 있다. 명성 높은 대감독뿐이랴. 한국의 드라마 제작자들에게 넷플릭스가 제안한 아낌없는 제작비 지원과 창작의 자유는 그야말로 반가운 '화수분' 같은 존재였다.

넷플릭스를 포함한 글로벌 OTT 플랫폼이 가져온 국내 드라마 제작시장의 변화는 그야말로 대지각 변동을 불러오고, 과거와는 전혀 다른 한국 드라마 제작시장의 틀을 만들었다.

글로벌 OTT 진입 이후, K-콘텐츠 산업의 주요 긍정적 변화(기회)에 관한 논의를 간략히 정리해보면 다음과 같다. ①독과점 구조 해제: 신규 플랫폼의 등장으로 국내 방송영상 콘텐츠산업 경쟁구조 재편이다. ②제작사 경쟁력 강화: 콘텐츠 제작기회 확대(제작사 협상력 일부 개선, 제작 여건, 수익구조 개선), ③제작방식 체계화: 스타 캐스팅, 쪽대본 제작에서 사전 제작, 스토리 중심으로 제작방식 변화, 콘텐츠 제작 장르, 편성(6부작, 12부작, 시즌제 등)의 다양화, ④글로벌 진출 확대: OTT를 통한 글로벌 유통 → K-콘텐츠 경쟁력 입증과 작품, 배우, 작가, 감독의 해외 진출 확대, ⑤제작, 투자 확대: 비용, 소재의 한계를 넘어서 제작투자 활성화로 국내 제작시장 규모 확대 등이다(한국콘텐츠진흥원, 2023a).

이 가운데 가장 눈에 띄는 변화는 제작비의 급상승이다. 글로벌 OTT 진입 이후, 한국 드라마의 제작비가 편당 10배까지 급상승했다. 넷플릭스 한국 진출 당시 국내 드라마 회당 제작비는 3억-4억 원이었으나 현재는 20억 원, 많게는 30억 원까지 상승했다. 〈킹덤〉 시즌 1(2019) 회당 제작비가 약 23억 원인 것으로 알려졌다. 그 당시 한국 드라마 제작비의 5배이다. 이어 〈스위트홈〉 회당 제작비 30억 원, 〈카지노〉 제작비 200억 원, 〈무빙〉 제작비 500억 원이 들었고, 최근 개봉한 〈경성크리처〉는 700억 원 제작비로 화제가 되었다.

2023년 4월 25일 넷플릭스는 향후 4년간 25억 달러(한화 약 3조 3천억 원) 투자 계획을 발표했다. 이미 2016년에서 2020년까지 넷플릭스에서 투자한 금액은 7,700억 원, 2021년 5,500억 원이다. 이는 그간 넷플릭스가 한국 오리지널 콘텐츠를 통해 글로벌 시장에서 선전했으며, 이에 K-콘텐츠의 경쟁력이 크게 기여했음에 대한 신뢰를 보여준 것이다(한국콘텐츠진흥원, 2023a).

또 하나의 변화는 소재의 자유이다. 지나치게 자극적이고 폭력적이라는 이유로 10여 년간 묵혀 있던 황동혁 감독의 〈오징어 게임〉 각본이 넷플릭스 덕분에 세상의 빛을 보게 되었다. 이뿐만 아니라, '넷플릭스가 아니었으면 세상에 나올 수 없는' 과감한 소재(청소년 성범죄, 좀비물, 학교 폭력 등)의 드라마들이 연이어 제작되었다.[1] 많은 드라마 제작자들이 넷플릭스

1 "좀비물은 리얼리티를 살렸을 때 잔인해질 수밖에 없어요. 〈킹덤〉이 지상파로 갔을 때 '15세 등급을 받을 수 있을까' '시청률은 나올까'를 고민하던 중 넷플릭스가 '사극 좀비'의 가능성을 보고 과감하게 제작을 결정했습니다."(이상백 에이스토리 대표), 〈인간수업〉을 선보인 스튜디오329의 윤신애 대표는 "넷플릭스의 등장이 가장 반가운 이유는 기존 지상파와 달리 다양한 이야기를 할 수 있게 됐기 때문"이라고 말했다.

오리지널의 특성을 파격적 소재와 창작자의 자유로운 표현으로 꼽고 있다(유건식, 2021, pp.84-85).

지상파 3사 드라마는 광고가 주요 수익원이기에 대중적이고 무난한 소재를 채택하는 경우가 많았다. 그러나 넷플릭스의 수익은 유료 회원 가입자들이 내는 구독료에서 나온다. 광고주가 아닌 '구독자가 왕'이기에 콘텐츠의 신선함과 완성도가 중요하다. 비용과 소재의 제약이 사라지자 한국 드라마의 제작 규모가 커지고, 다양성도 높아졌다.

하지만 넷플릭스가 제공한 '기회'와 더불어 '위기' 역시 현실화되고 있다. 한국 드라마 제작사들이 직면한 다양한 문제들은 다음과 같다. 첫째, 제작비 수직 상승이다. 배우 출연료 상승, 후반작업 비용 증가, 주 52시간 제작환경 등의 복합적 영향으로 제작비 상승이 심화되고 있다. 둘째, 넷플릭스 쏠림 현상이다. 국내 OTT 플랫폼의 경영 악화는 넷플릭스의 영향력을 점점 더 키우고 있다. 셋째, 제작사 부익부 빈익빈 현상이다. K-스튜디오 시스템 전환으로 전반적 제작, 유통과정이 효율적으로 운영되고 있지만, 여전히 대기업 스튜디오 중심으로 중소규모 독립 외주제작사에게는 불리하게 작용한다. 그리고 마지막으로 IP 문제이다. 플랫폼-제작사간 사적 계약에 의한 거래 관행 때문에 '권리배분' 관련 법제도와 정책적 근거 마련이 어려운 실정이다(한국콘텐츠진흥원, 2023a).

IP(*Interllectual Property*, 지적 재산권) 문제는 현재 한국 드라마 시장의 가장 뜨거운 감자이다. 국내 제작사들은 넷플릭스 혹은 소수 글로벌 플랫폼 기업으로부터 안정적으로 제작비를 투자받는 대신 IP를 모두 내어주는 계약을 할 수밖에 없는 상황이다. 그야말로 글로벌 경쟁력을 가진 작품을 만들지만, 정작 작품에 대한 법적 권리를 갖지 못하는 한국의 제작사들이다.

아이러니하게도 이 문제를 본격적으로 심각하게 드러낸 것이 바로 〈오징어 게임〉이다. 블룸버그 분석에 의하면, 〈오징어 게임〉 제작비는 2,410만 달러(256억 원), 효과는 9억 달러(1조 원)로 37배의 투자효과를 보았다(Shaw, 2021.10.17). 그러나 국내 제작사는 제작비 이외의 추가적 인센티브는 받지 못해 IP 확보의 문제에 대한 논의가 폭넓게 이뤄졌다.

2022년 〈이상한 변호사 우영우〉(ENA)의 제작사 에이스토리는 IP 확보를 위해 넷플릭스의 오리지널 시리즈 제작을 거절했다고 밝혔다. IP 확보 덕분에 에이스토리는 리메이크 판권과 웹툰 등 다양한 IP사업을 펼칠 수 있게 됐다(정민경, 2022.9.9). 이는 넷플릭스가 제작비를 전액투자하면서 IP를 전적으로 소유하는 일종의 '납품' 형태 계약에 대한 국내 제작자들의 반발을 잘 보여주고 있다. 2023년 황동혁 감독과 싸이런픽쳐스 김지연 대표가 함께 만든 제작사 '퍼스트맨스튜디오'가 법무법인 LKB와 법률자문계약을 맺으면서, '세 장짜리 계약서 없앨 것'이라고 말했다(김정연, 2023.3.25).

IP 문제와 더불어 글로벌 OTT의 로컬 콘텐츠 커미셔닝이 가져올 장기적인 부정적 효과에 대한 비판적 논의도 제기되었다. 즉, 로컬 제작 드라마의 방향성을 암암리에 조정하고 결정하는 글로벌 스트리밍 업체들의 권력의 문제이다(Merican, 2021.10.25).

> 중요한 질문이 전면에 떠올랐다.. 넷플릭스가 해외 시장에서 로컬 콘텐츠를 창작하고 제시할 때 직면하는 도전은 무엇인가? 보다 비판적인 차원에서 윤리적인 문제가 대두되는데, 넷플릭스가 새로운 국가에 진입하면서 불균형한 파워를 행사한다는 점이다. 그들은 로컬 엔터테인먼트 에코시스템과 산업의 위계질서를 방해하고, 부주의하게 한 국가의 문화적 산물을 글로벌 관객에게 '한국의

영화' 등으로 레이블을 붙여 무엇을 보여줄 것인지, 어떻게 레이블을 붙일 지를 결정한다. 이것은 한 개별 국가의 산업 내에서 소위 말하는 '성공'으로 여겨지는 예술적 성취의 방향을 넷플릭스가 암암리에 결정할 수 있다는 말이다(Merican, 2021. 10. 25).

넷플릭스 의존도가 점점 높아지면서, 한국 드라마 시장이 넷플릭스에 점차로 종속될 수 있다는 우려도 있다. 〈오징어 게임〉의 거대한 성공은 지역 기반의 창작 활성화를 촉발하는 요소가 될 수 있지만, 넷플릭스가 초국적 유통에 적합한 콘텐츠라고 판단한 작품만이 제작될 수 있다. 이 과정에서 보편적 취향의 틀과 결합할 수 있는 성격의 지역적 요소만 제한적으로 세계적으로 가시화 될 수 있다(강혜원 · 이성민, 2022, p.33).

넷플릭스 한국 오리지널 제작 현황

넷플릭스가 제공하는 한국 드라마 가운데 넷플릭스 한국 오리지널의 비중은 해마다 높아지고 있다(2019년에서 2023년 말까지 전체 42편). 무엇보다 넷플릭스의 적극적인 다중 지역 현지화 전략과 글로벌 틈새 시청자를 겨냥한 글로벌 커뮤셔닝 덕분이다. 〈킹덤〉, 〈스위트홈〉, 〈오징어 게임〉 등의 K-콘텐츠는 다수의 글로벌 시청자보다 글로벌 틈새 시청자에 소구하는 방식이다. 실제로 공포물, 좀비물, 공상과학, 10대 및 MZ 세대를 타깃으로 한 장르는 넷플릭스에 의해 재조명된 장르이다. 앞서 넷플릭스 오리지널 시리즈로 성공한 K-콘텐츠는 국내 방송사 커미셔너가 선택하기 어려운 소재인데다, 장르적 특성이 강해 대중적 인기를 기대하기 어렵다는 공통

점이 있다(최선영, 2022).

〈오징어 게임〉을 비롯한 많은 오리지널 드라마가 넷플릭스 글로벌 커미셔닝의 '틈새전략'을 통해 탄생할 수 있었다는 것이다. 물론 K-장르물의 전형적 패턴은 아니지만, 〈이상한 변호사 우영우〉(ENA)의 경우도, 지상파 채널 커미셔닝을 통과하지 못했던 작품이란 점이 흥미롭다. 장애를 가진, 여성이 주인공인, 다양성과 소수자를 소재로 한, 지상파가 아닌 신생 방송 채널 기획의 한국어 드라마가 넷플릭스를 통해 유통되면서 전 세계적으로 흥행한 현상은 기존의 텔레비전 시대에 볼 수 없던 기이한 풍경이다(Ibid).

〈지옥〉의 연상호 감독도 NYT 인터뷰에서 "〈지옥〉과 같은 틈새 콘텐츠는 한국 방송사에서는 만들 수 없었을 것이다. 왜냐하면 관객들이 제작 예산을 충족시킬 만큼 큰 규모가 아니기 때문이다. … 넷플릭스는 전 세계 관객들을 갖고 있는데, 이 덕분에 우리가 더 많은 장르와 비주류 작품을 만들 수 있다"라고 말했다. 넷플릭스와 일하는 창작자들은 그들이 만들고 싶었지만 이전에는 불가능했던 모험적 시도를 할 수 있게 되었다는 것이다(Wakabayashi & Young, 2023.7.13).

2019년부터 2023년까지 한국에서 제작된 넷플릭스 오리지널의 제작사와 제작진 리스트는 다음과 같다(〈표 1〉).

표 1 넷플릭스 오리지널 한국 제작사/제작진 리스트(2019–2023년도)

번호	제목	제작 연도	제작사	제작진(작가/연출/출연진)	장르 & 태깅 (IMBD 평점[3])
1	경성크리처 (Gyeongseong Creature)	2023	글앤그림미디어, 카카오엔터테인먼트, 스튜디오 드래곤	1) 극본 : 강은경(낭만닥터 김사부, 여우각시별) 2) 연출 : 정동윤(스토브리그, 수상한 파트너) 3) 출연진 : 박서준, 한소희, 수현, 김해숙	호러, 스릴러, 크리처, 괴수, 시대극 #긴장감 넘치는 #1940년대 (7.4)
2	스위트홈2 (Sweet Home 2)	2023	스튜디오드래곤, 스튜디오N, 시우컴퍼니	1) 극본 : 박소현 2) 연출 : 이응복(미스터 션샤인, 도깨비, 태양의 후예) 3) 출연진 : 송강, 이진욱, 이시영, 고민시, 박규영	웹툰 원작, 스릴러, 호러 #무서운 #어두운 #긴장감 넘치는 (7.3)
3	정신병동에도 아침이 와요 (Daily Does of Sunshine)	2023	필름몬스터 by SLL, 김종학프로덕션	1) 극본 : 이남규, 오보현, 김다희(힙하게) 2) 연출 : 이재규(베토벤 바이러스, 다모), 김남수 3) 출연진 : 박보영, 연우진, 장동윤, 이정은	드라마, 웹툰 원작 #힐링 #진심 어린 #감정을 파고드는 (8.3)
4	이두나! (Doona!)	2023	스튜디오드래곤, 쇼러너스, 스튜디오N	1) 극본 : 장유하 2) 연출 : 이정효(사랑의 불시착, 로맨스는 별책부록) 3) 출연진 : 수지, 양세종, 하영, 박세완, 김도완	로맨틱, 드라마, 청춘드라마 #달콤 쌉싸름 #거부할 수 없는 이끌림 #감정을 파고 드는 #청춘극 (7.2)
5	너의 시간 속으로 (A Time Called You)	2023	리안컨텐츠, 앤피오엔터테인먼트, 스튜디오 플로우	1) 극본 : 최효비 2) 연출 : 김진원(세상 어디에도 없는 착한남자) 3) 출연진 : 안효섭, 전여빈, 강훈	로맨틱, 드라마 #설렘주의 #감정을 파고 드는 #향수자극 (7.8)
6	셀러브리티 (CELEBRITY)	2023	스튜디오드래곤, 김종학프로덕션, 하우픽쳐스	1) 극본 : 김이영(해치, 화정, 마의, 동이, 이산) 2) 연출 : 김철규(악의 꽃, 마더, 시카고 타자기) 3) 출연진 : 박규영, 강민혁, 이청아, 이동건, 전효성	드라마, 미스터리, 서스펜스, 스릴러 #패션 (7.5)

2 IMDB 평점은 2024년 1월 30일자로 업데이트 함.

번호	제목	제작 연도	제작사	제작진 (작가/연출/출연진)	장르 & 태깅 (IMBD 평점)
7	연애대전 (LOVE TO HATE YOU)	2023	빈지웍스	1) 극본 : 최수영(내 아이디는 강남미인, 앙큼한 돌싱녀) 2) 연출 : 김정권(마에스트라, 거짓말의 거짓말) 3) 출연진 : 김옥빈, 유태오, 김지훈	코미디, 로맨틱 코미디 #로맨틱 #코미디 #정반대의 끌림 (7.9)
8	도적 : 칼의 소리 (Song of the Bandits)	2023	스튜디오드래곤, 얼반웍스, 바람픽쳐스	1) 극본 : 한정훈(나쁜 녀석들, 38 사기동대) 2) 연출 : 황준혁(블랙독), 박현석 (비밀의 숲2, 땐뽀걸즈) 3) 출연진 : 김남길, 서현, 유재명, 이현욱	드라마, 액션 & 어드벤처 #응원하고픈 #서부극 #1920년대 (7.2)
9	사냥개들 (BLOOD HOUNDS)	2023	스튜디오N, ㈜씨앗필름, ㈜세븐오식스	1) 극본 : 김주환 2) 연출 : 김주환(멍뭉이, 사자, 청년경찰) 3) 출연진 : 우도환, 이상이, 허준호, 박성웅, 시원	드라마, 액션 & 어드벤처, 범죄, 웹툰 원작, 스릴러 #스릴러 #멀티캐스팅 #쫓고 쫓기는 (8.1)
10	D.P. (시즌 2)	2023	클라이맥스스튜디오, 쇼트케이스	1) 극본 : 김보통, 한준희 2) 연출 : 한준희(차이나타운, 뺑반, 약한영웅) 3) 출연진 : 정해인, 구교환, 김성균, 손석구, 지진희	웹툰 원작, 드라마, 사회 문제 #어두운 #부패 #쫓고 쫓기는 밀리터리 (8.2)
11	퀸메이커 (QUEEN MAKER)	2023	인사이트필름, 스튜디오포커스엑스, 에이스토리	1) 극본 : 문지영(스타일, 후아유) 2) 연출 : 오진석(첫사랑은 처음이라서, 용팔이) 3) 출연진 : 김희애, 문소리, 류수영, 서이숙	정치, 드라마, 법정 서스펜스, 워맨스 #부패 (7.5)
12	택배기사 (BLACK KNIGHT)	2023	프로젝트318	1) 극본 : 조의석 2) 연출 : 조의석(마스터, 감시자들, 조용한 세상) 3) 출연진 : 김우빈, 송승헌, 강유석, 이솜	웹툰 원작, SF, 액션 & 어드벤처 #어두운 #디스토피아 #TV프로그램·SF (6.4)
13	마스크걸 (Mask Girl)	2023	하우스오브임프레션, 본팩토리	1) 극본 : 김용훈 2) 연출 : 김용훈(지푸라기라도 잡고 싶은 짐승들) 3) 출연진 : 고현정, 안재홍, 염혜란, 나나, 이한별	웹툰 원작, 범죄 드라마, 스릴러 #색다른 #긴장감 넘치는 #스릴러 (7.3)

번호	제목	제작 연도	제작사	제작진 (작가/연출/출연진)	장르 & 태깅 (IMBD 평점)
14	더 글로리 (The Glory)	2022	화앤담픽쳐스, 스튜디오드래곤	1) 극본 : 김은숙(미스터 션샤인, 도깨비, 태양의 후예) 2) 연출 : 안길호(비밀의 숲, 알함브라 궁전의 추억 해피니스 등) 3) 출연진 : 송혜교, 이도현, 임지연, 염혜란, 박성훈	드라마 #어두운 #복수 (8.1)
15	수리남 (Narco-Saints)	2022	영화사월광, 펙트스톰필름	1) 극본 : 윤종빈, 권성휘 2) 연출 : 윤종빈(공작, 범죄와의 전쟁) 3) 출연진 : 하정우, 황정민, 박해수, 조유진, 유연석, 장첸	드라마, 액션 & 어드벤처, 범죄, 스릴러 #긴장감 넘치는 #스릴러 #마약왕 (7.3)
16	더 패뷸러스 (The Fabulous)	2022	길픽쳐스	1) 극본 : 김지희, 임진선 2) 연출 : 김정현(호텔 델루나, 멀리서 보면 푸른 봄) 3) 출연진 : 채수빈, 최민호, 이상운, 박희정	로맨틱, 드라마, 코미디 #로맨틱 #멀티캐스팅 (6.5)
17	썸바디 (SOMEBODY)	2022	비욘드제이	1) 극본 : 정지우(유열의 음악앨범, 침묵, 4등, 은교) 2) 연출 : 정지우, 한지완(살인자의 쇼핑목록) 3) 출연진: 김영광, 강해림, 김용지	범죄, 스릴러 #심리 #스릴러 #연쇄살인범, 공포 (6.0)
18	글리치 (GLITCH)	2022	Studio329	1) 극본 : 진한새(인간수업) 2) 연출 : 노덕(연애의 온도) 3) 출연진 : 전여빈, 나나	SF, 미스터리, 코미디, 스릴러 #색다른 #TV프로그램 · SF #여자들만의 우정 (6.1)
19	모범가족 (A Model Family)	2022	프로덕션H, 셀트리온엔터테인먼트	1) 극본 : 이재곤 2) 연출 : 김진우(좋아하면 울리는 2, 슈츠, 추리의 여왕) 3) 출연진 : 정우, 박희순, 윤진서, 박지연	드라마, 범죄, 스릴러 #긴장감 넘치는 #스릴러 #마약왕 (6.6)
20	블랙의 신부 (REMARRIAGE & DESIRES)	2022	이미지나인컴즈, 타이거스튜디오	1) 극본:이근영(어머님은 내며느리) 2) 연출:김정민(나쁜녀석들) 3) 출연진 : 김희선, 이현욱, 정유진, 박훈	드라마 #멀티캐스팅 #복수 (7.3)

번호	제목	제작 연도	제작사	제작진 (작가/연출/출연진)	장르 & 태깅 (IMBD 평점)
21	종이의 집: 공동경제구역 (MONEY HEIST: KOREA - JOINT ECONOMIC AREA)	2022	BH엔터테인먼트, 콘텐츠지음(SLL)	1) 극본: 류용재, 김환채, 최성균 2) 연출: 김홍선 (무사 백동수, 보이스) 3) 출연진: 유지태, 김윤진, 박해수, 전종서	범죄, 스릴러, 느와르 #긴장감 넘치는 #흥미진진 #스릴러 (5.7)
22	안나라수마나라 (THE SOUND OF MAGIC)	2022	JTBC스튜디오, 콘텐츠지음	1) 극본: 김민정, 김성운 2) 연출: 김성운, 신희원 3) 출연: 지창욱, 최성은, 황인엽	웹툰원작, 드라마, 청춘, 청소년 #진심어린 #감정을 파고드는 #뮤지컬 (7.5)
23	소년심판 (Juvenile Justice)	2022	길픽쳐스, 지티스트	1) 극본: 김민석(데뷔 드라마) 2) 감독: 홍종찬(디어 마이 프렌즈, 명불허전 등) 3) 출연진: 김혜수, 김무열, 이성민, 이정은	드라마, 법정, 범죄 #점입가경 스릴러 #법정 (7.9)
24	지금 우리 학교는 (All OF US ARE DEAD)	2022	필름몬스터 by, JTBC스튜디오, 김종학프로덕션	1) 원작: 주동근 네이버 웹툰 2) 극본: 천성일 (추노) 3) 감독: 이재규, (다모) 4) 출연진: 박지후, 윤찬영, 조이현, 로몬	좀비 아포칼립스, 웹툰 원작, 호러 #섬뜩한 #피로 물든 #호러 (7.5)
25	고요의 바다 (THE SILENT SEA)	2021	아티스트 스튜디오	1) 극본: 박은교(영화 마더, 네버 엔딩 스토리) 2) 연출: 최항용 3) 출연진: 배두나, 공유, 이준	SF, 미스터리, 스릴러 #디스토피아 #긴장감 넘치는 #TV프로그램·SF (6.9)
26	오징어 게임 (Squid Game)	2021	싸이런픽쳐스	1) 극본: 황동혁 2) 감독: 황동혁 (도가니, 남한산성) 3) 출연진: 이정재, 박해수, 위하준	드라마, 스릴러 #긴장감 넘치는 #스릴러 #멀티캐스팅 (8.0)
27	마이 네임 (My Name)	2021	스튜디오 산타클로스	1) 극본: 김바다(히어로) 2) 감독: 김진민(인간수업, 개와 늑대의시간) 3) 출연진: 한소희, 박희순, 안보현	액션 & 어드벤처, 형사 언더커버, 범죄, 스릴러 #어두운 #긴장감 넘치는 #스릴러 (7.8)

번호	제목	제작 연도	제작사	제작진 (작가/연출/출연진)	장르 & 태깅 (IMBD 평점)
28	D.P.	2021	클라이맥스 스튜디오	1) 극본 : 김보통, 한준희 2) 연출 : 한준희(차이나타운, 뺑반, 악한영웅) 3) 출연진 : 정해인, 구교환, 김성균	웹툰원작 드라마, 밀리터리, 추리 사회 문제 #어두운 #부패 #쫓고 쫓기는 (8.2)
29	무브 투 헤븐 : 나는유품정리사입니다 (Move to Heaven)	2021	페이지원필름, 넘버쓰리픽쳐스	1) 극본 : 윤지련(꽃보다 남자) 2) 연출 : 김성호(개를 훔치는 완벽한 방법) 3) 출연진 : 이제훈, 탕준상, 홍승희, 지진희	드라마 #힐링 #진심 어린 #감정을 파고드는 (8.5)
30	킹덤 : 아신전 (Kingdom : Ashin of the North)	2021	바람픽쳐스, BA엔터테인먼트, 스튜디오드래곤	1) 극본 : 김은희(시그널, 싸인, 지리산, 악귀) 2) 연출 : 김성훈(터널, 끝까지 간다, 비공식 작전) 3) 출연진 : 전지현, 박병은, 김시아	웹툰 원작, 호러, 스릴러, 시대물 #섬뜩한 #피로 물든 #사극 #폭력적인 (7.0)
31	내일 지구가 망해버렸으면 좋겠어 (So Not Worth It)	2021	미스틱스토리	1) 극본 : 서은정(순풍산부인과, 뉴논스톱), 백지현 2) 연출 : 권익준)남자셋 여자셋, 논스톱), 김정식 3) 출연진 : 박세완, 신현승, 최영재	시트콤, 코미디 #유쾌 발랄 #시트콤 #멀티캐스팅 (6.9)
32	지옥 (HELLBOUND)	2021	클라이맥스 스튜디오	1) 극본 : 연상호, 최규석(웹툰 지옥 원작자) 2) 연출 : 연상호(부산행, 염력, 반도) 3) 출연진 : 유아인, 김현주, 박정민	웹툰 원작, 미스터리, 범죄 #긴박감 넘치는 #폭력적인 #호러 #어두운 (6.6)
33	좋아하면 울리는 (시즌 2) (Love Alarm)	2021	스튜디오드래곤	1) 극본 : 공작소류(Workshop R) 2) 연출 : 김진우(모범가족, 슈츠, 추리의 여왕) 3) 출연진 : 김소현, 정가람, 송강, 고민시	웹툰 원작, 로맨틱, 드라마, 청춘 #감상적 #감정을 파고드는 #청춘극 #로맨틱 (6.6)
34	스위트 홈 (Sweet Home)	2020	스튜디오드래곤, 스튜디오N	1) 극본 : 홍소리, 김형민, 박소정 2) 연출 : 이응복(미스터 션샤인, 도깨비, 태양의 후예) 3) 출연진 : 송강, 이진욱, 이시영, 박규영, 이도현, 고민시	웹툰 원작, 스릴러, 호러 괴수 크리쳐 #무서운 #어두운 #호러 #긴장감 넘치는 (7.3)

번호	제목	제작 연도	제작사	제작진 (작가/연출/출연진)	장르 & 태깅 (IMBD 평점)
35	인간수업 (Extra-curricular)	2020	스튜디오329	1) 극본 : 진한새(글리치) 2) 연출 : 김진민(개와 늑대의 시간) 3) 출연진 : 김동희, 정다빈, 박주현, 최민수	드라마, 청소년, 범죄, 스릴러 #어두운 #청소년 #멀티 캐스팅 (7.6)
36	나 홀로 그대 (My Holo Love)	2020	스튜디오드래곤	1) 극본 : 류용재(밤을 걷는 선비, 피리부는 사나이) 김환채, 최성준 2) 연출 : 이상엽(쇼핑왕 루이, 유미의 세포들, 아는 와이프) 3) 출연진 : 윤현민, 고성희, 최여진	로맨틱, 드라마, SF #힐링 #달콤 쌉싸름 #진심 어린 #TV프로그램·SF (7.6)
37	보건교사 안은영 (The School Nurse Files)	2020	오보이프로젝트	1) 극본 : 정세랑(소설 원작자), 이경미 2) 연출 : 이경미(비밀은 없다, 페르소나) 3) 출연진 : 정유미, 남주혁, 문소리	도서 원작, 코미디 스릴거, 판타지 #유쾌 발랄 #판타지 #장대한 판타지의 세계 (6.4)
38	킹덤 (시즌 2) (Kingdom)	2020	에이스토리	1) 극본 : 김은희(시그널, 싸인, 지리산, 악귀) 2) 연출 : 김성훈(1화), 박인제(2~6화) 3) 출연진 : 주지훈, 배두나, 류승룡	웹툰 원작, 좀비 아포칼립스, 정치, 액션 & 어드벤처, 시대물, 스릴러 #섬뜩한 #피로 물든 #사극 #폭력적인 (8.3)
39	킹덤 (Kingdom)	2019	에이스토리	1) 극본 : 김은희 2) 연출 : 김성훈(터널, 끝까지 간다, 비공식 작전) 3) 출연진 : 주지훈, 배두나, 류승룡	웹툰 원작, 정치, 액션 & 어드벤처, 시대물, 스릴러 #섬뜩한 #피로 물든 #사극 #폭력적인 (8.3)
40	좋아하면 울리는 (Love Alarm)	2019	스튜디오드래곤	1) 극본 : 이아연, 서보라 2) 연출 : 이나정(쌈, 마이웨이) 3) 출연진 : 김소현, 정가람, 송강	로맨틱, 드라마, 청춘 #감상적 #감정을 파고드는 #청춘극 #로맨틱 (6.6)
41	첫사랑은 처음이라서(시즌 2) (My First First Love)	2019	에이스토리	1) 극본 : 김란 2) 연출 : 오진석(용팔이) 3) 출연진 : 지수, 정채연, 진영	로맨틱, 드라마, 청춘 #감상적 #로맨틱 #청춘극 (7.5)

번호	제목	제작 연도	제작사	제작진 (작가/연출/출연진)	장르 & 태깅 (IMBD 평점)
42	첫사랑은 처음이라서 (My First First Love)	2019	에이스토리	1) 극본 : 김란 2) 연출 : 오진석(용팔이) 3) 출연진 : 지수, 정채연, 진영	로맨틱, 드라마, 청춘 #감상적 #로맨틱 #청춘극 (7.5)

한국 오리지널 드라마의 제작 특성

방송과 영화, 웹엔터테인먼트의 경계가 사라짐

원용진(2023)은 K-드라마 제작 시스템 논의에서 한국 드라마를 유통 통로와 제작 시스템에 따라 크게 TV 방영 드라마(짧은 홀드백 이후 OTT 등에 방영권 판매)와 OTT 오리지널 드라마로 나누고 있다. 이 가운데 OTT 오리지널 드라마를 영화형 드라마와 방송형 드라마로 나누면서, 넷플릭스 오리지널 제작 드라마 스튜디오를 '영화형' 드라마 제작사와 '방송형' 드라마 제작사로 나누고 있다. 그러나 현실적으로 이제 영화 혹은 방송 제작사로 구분하기 어려운 현실이다. 또한 여러 제작사가 공동제작의 형태로 한 작품에 한꺼번에 이름을 올리는 경우도 많다. 한국 웹툰 원작 드라마가 많은 비중을 차지하고 있고, 엔터테인먼트 회사의 참여도 높아지고 있다.

웹툰 원작 드라마의 높은 비중

한국 넷플릭스 오리지널뿐 아니라 전반적 한국 드라마 트렌드에서도 나타나고 있는 것이 바로 '웹툰 원작' 드라마의 비중이 높아지고 있다는 것이다. 특히 기존에 방송화하기 어려웠던 폭력적, 파격적 내용의 컬트웹툰(cult-webtoon)을 원작으로 한 드라마가 많이 등장하고 있다(〈스위트홈〉, 〈D.P.〉 등). 사실 한국 드라마와 영화 시장에서 2010년대 중반부터 웹툰은 주요한 스토리 소스였다.

한국 드라마 제작환경에서 원작 웹툰에 기초한 TV 드라마, 영화화는 매우 활성화되어 있다(Park, Lee & Lee, 2019). 과거에도 달달한 웹툰을 기반으로 한 로맨틱 코미디물이 많이 제작되었다(〈치즈인더트랩〉, 〈좋아하면 울리는〉 등). 그러나 그동안 영상화되지 못했던 어둡고, 폭력적, 자극적 내용의 컬트웹툰이 넷플릭스 오리지널의 브랜드와 잘 맞는 원작으로 채택되었다(예를 들면, 〈스위트홈〉, 〈D.P.〉, 〈지금 우리 학교는〉 등은 이미 고정 마니아층이 두터운 대표적 컬트웹툰이다).

넷플릭스는 이런 컬트웹툰의 파격적 분위기를 넷플릭스 오리지널의 새로움, 창의성으로 영리하게 연결했다. 넷플릭스는 자체 제공 홍보물에서 '웹툰 원작' 드라마임을 강조하고, 웹툰 작가들의 창의성을 적극적으로 홍보한다(Lee, 2022.1.10). 그리고 넷플릭스 장르 소개와 태깅에서도 한국 드라마의 경우, '웹툰 원작 드라마(webtoon-based Drama)'라는 태깅을 통해 K-드라마 장르의 한 특성으로 만들어가고 있다. 특히 넷플릭스는 이미 인기가 검증된 웹툰 오리지널을 경험이 풍부한 드라마 PD나 영화감독을 통해 작품화하는 데 비중을 두고 있다.

대규모 스튜디오 시스템 중심

오리지널 제작사에서 대규모 스튜디오의 비중이 매우 높게 나타났다. 오리지널 제작에 참가한 전체 제작사는 총 48개사이다. 크게 5가지 유형으로 분류되는데, '스튜디오 드래곤(CJ E&M)' 계열사, 'SLL 중앙(콘텐트리 중앙)' 계열사, 영화제작사, 네이버 및 카카오 플랫폼 계열사, 방송사 및 연예기획사 계열사, 독립제작사로 나뉜다(〈표 2〉 참조).

이 가운데 '스튜디오 드래곤'과 'SLL 중앙' 계열사가 참여한 작품의 비중이 매우 높다. 전체 오리지널 드라마 42편 가운데, 스튜디오 드래곤 계열사가 참여한 작품이 총 15편, SLL 중앙 계열사가 총 9편으로 전체의 50%가 넘는다. 이는 최근 한국 드라마 제작 시장이 점점 대형 스튜디오화 되어가고 있는 추세와도 무관하지 않다.

표 2 넷플릭스 오리지널 제작 스튜디오[3]

스튜디오 드래곤 (+CJ E&M) 계열사	스튜디오드래곤, 화앤담픽쳐스, 본팩토리, 길픽쳐스, 지티스트
SLL중앙 계열사	필름몬스터, 클라이맥스스튜디오, 콘텐츠지음, JTBC스튜디오
영화 제작사	싸이런픽쳐스*, 씨앗필름, 세븐오식스, 쇼트케이크, 인사이트필름, 프로젝트318, 영화사월광, 퍼펙트스톰필름, 타이거스튜디오, 페이지원필름, 넘버쓰리픽쳐스, BA엔터테인먼트
네이버 및 카카오 플랫폼 계열사	바람픽쳐스, 카카오엔터테인먼트, 스튜디오N, 글앤그림미디어
방송사 계열사 및 연예기획사(계열사)	빈지웍스, 스튜디오플로우, 앤피오엔터테인먼트, 이미지나인컴즈, BH엔터테인먼트, 스튜디오산타클로스, 미스틱스토리, 아티스트스튜디오, 셀트리온엔터테인먼트,
독립 제작사	에이스토리, 김종학프로덕션, Studio329, 얼반웍스 시우컴퍼니, 쇼러너스, 리안컨텐츠, 하우픽쳐스, 스튜디오포커스엑스, 하우스오브임프레션, 비욘드제이, 프로덕션H, 오보이프로젝트

3 급변하는 OTT 시장 변화에 따라 한국 제작사들도 인수, 합병이 많이 일어난다. 싸이런픽쳐스는 최근 황동혁 감독과 싸이런픽처스 김지연 대표와 합작하여 '퍼스트맨 스튜디오'를 창립했다. Studio329는 신세계그룹 계열사이다. 셀트리온엔터테인먼트는 셀트리온그룹의 계열사이다(연예기획사+제작사).

올디즈 벗 굿디즈(Oldies but Goodies) : 베테랑 제작진과 새로운 매체의 만남

방송형, 영화형 제작사의 경계가 사라지는 것처럼, 넷플릭스 제작진도 과거의 베테랑 영화 감독과 TV 연출, 작가들이 대거 포진해서 새로운 OTT형 드라마의 수준을 높이고 있다. 사례로 〈지금 우리 학교는〉, 〈스위트홈〉, 〈D.P.〉 등은 웹툰 원작자들의 젊은 감각과 경험있는 노련한 방송, 영화 제작진들이 만나서 시너지 효과를 냈다고 볼 수 있다.

한국 스튜디오 시스템의 진화

OTT가 콘텐츠 유통과 소비의 핵심 축이 되면서 나타난 중요한 제작 영역의 변화 중 하나는 바로 한국형 스튜디오 시스템의 진화라고 할 수 있다. 한국 드라마 제작시장에서 OTT 경쟁력의 원천으로 한국 스튜디오 시스템의 진화를 들 수 있다. 드라마 스튜디오는 관련된 지식재산권을 보유하고 이를 통해 콘텐츠의 활용도와 완성도를 높여 수익을 극대화시키는 시스템이다. 실제로 한국 스튜디오 시스템은 이미 외주제작 의무편성비율이 시행된 1991년으로 거슬러 올라간다(공희정, 2020).

최근 들어서는 넷플릭스를 포함한 글로벌 OTT의 진입으로 국내 스튜디오 시스템 역시 급속하게 변화하고 있다. 2016년 CJ ENM은 '스튜디오 드래곤'을 설립했고, 이는 한국형 스튜디오 시스템의 원형이 되었다. 스튜디오 드래곤은 드라마 판권과 제작, 납품 계약 중심의 기존 드라마 제작 시스템을 근본적으로 변화시켜 왔다. JTBC는 JTBC 스튜디오를 'SLL 중앙'으로 사명을 변경하면서 OTT 서비스 유통 확대를 위한 오리지널 콘텐츠 제작을 시작했다. SBS는 '스튜디오S'를 설립하였고 최근 〈그해 우리는〉을 제작해 넷플릭스에 판매하여 글로벌 시장으로 유통 확대를 했다. KT는 '스튜디오 지니'를 설립하면서 자사채널(ENA)을 통해 사전제작 드라마 〈이상한 변호사 우영우〉를 방영하였고, 글로벌 OTT 사업자와 해외 진출 계약을 체결했다(김소정 · 임유화, 2022).

한국형 스튜디오 시스템의 진화에 대한 현업과 학계의 관심도 높아지고 있다. 이성민(2022)은 한국형 스튜디오 시스템으로 대표되는 OTT 시대의 새로운 콘텐츠 제작-유통 방식의 이점을 다음과 같이 설명한다. 콘텐츠IP 측면에서 한국형 스튜디오들은 대부분 기획 단계에서 전략적인 IP의 선정과 확보, 유통 채널 확보 단계에서 IP권리에 대한 협상, 그리고 이후의 IP비즈니스 확장의 측면에서 적극적인 역할을 담당한다.

최근 한국에서 OTT 환경 변화에 따라 스튜디오 시스템을 적용한 사례가 확산되고 있다. 이들은 콘텐츠 기획에 특화된 스튜디오란 중간 조직을 활용한다는 점에서 공통점을 갖지만, 가치사슬의 연계 측면에서 서로 다른 전략을 취하고 있다. 이 가운데 대표적인 3개 기업이 KT 그룹의 '스튜디오 지니', 방송사업자 JTBC 계열의 스튜디오 'SLL', 그리고 CJENM의 '스튜디오스(Studios)'이다(이성민, 2022).

스튜디오가 중심이 되는 영상 콘텐츠 기획-제작 시장의 재편은 '콘텐츠 경쟁력' 중심의 산업 구조의 변화를 말해준다. 이전까지의 한국 영상 콘텐츠 산업의 제작-유통 구조는 과점화된 방송 사업자가 콘텐츠 기획 영역에서 영향력을 발휘하고, 이를 IPTV, 케이블TV 등 유료방송 시장에서 유통하며, 개별 독립제작사들이 방송사업자와 연계하는 방식이 주류를 이루었다. OTT의 등장으로 유통 플랫폼이 다양화되면서 다수의 콘텐츠 제작자들이 스튜디오를 중심으로 유기적으로 연결되어 콘텐츠를 안정적으로 수급할 수 있는 구조로 변화하고 있는 것이다.

결론적으로 OTT가 가져온 미디어 시장의 변화는 한국형 스튜디오 시스템의 확산이라는 콘텐츠기획-제작구조의 변화로 이어지면서 한국 영상콘텐츠 산업 지형을 근본적으로 바꿔가고 있다. 다수의 제작 부문의 연결을 통한 규모의 경제로 안정적인 콘텐츠 수급이 이뤄지고, 그 안정성 위에서 창의적인 콘텐츠 창작이 이어질 수 있는 구조를 만들어 낼 가능성이 높아지고 있다. 또한 콘텐츠 IP 전략의 기획과 수행의 관점에서도 긍정적인 역할을 할 것이 기대된다(한국콘텐츠진흥원, 2023b).

K-스튜디오 시스템 진화의 명암

한국콘텐츠진흥원은 2023년 콘텐츠산업 현황과 전망을 요약하는 10개 키워드 중 하나로 '본격 가동, K-스튜디오 시스템'을 꼽았다. 글로벌 경쟁력 있는 대형 스튜디오의 등장은 반가운 일이다. 그러나 다른 한 편에서는 제작사 부익부 빈익빈에 대한 우려도 제기된다. 대기업 산하의 스튜디오 시스템으로 제작환경이 변화하며 자본력을 갖추지 못한 중소형 외주제작사 경영의 어려움이 가중될 수 있다는 것이다. 또한 제작비, 제작 경험 및 전문인력 활용에서 비교 우위를 차지하고 있는 대형 스튜디오 및 주요 제작사들에게 제작 기회가 편중될 가능성이 높다.

규모의 경제 실현을 위해 제작시스템의 수직계열화는 필연적인 과정이다. 하지만 소수 대기업 중심으로 제작 집중도가 높아지는 것보다 다수의 강소, 중소 제작자가 지속적으로 성장하면서 국내 제작 생태계가 자생적으로 순환하는 구조를 만드는 것이 한국 콘텐츠 산업의 장기적 경쟁력이 될 것이다(김숙, 2023). K-콘텐츠의 경쟁력 지속 및 K-콘텐츠시장을 '글로벌 콘텐츠 제작. 유통 주요 거점(기지)으로 구축하기 위해서는 국내뿐 아니라 다양한 글로벌 사업자들이 상호작용하며 국내에서 콘텐츠를 제작할 수 있는 환경을 조성해야 한다.

최근 'A24 컬트'라는 말이 등장할 정도로 열광적 제작사 팬덤을 불러일으키고 있는 미국의 독립 제작사 A24는 한국 제작진, 배우들과의 협업으로 좋은 성과를 올리고 있다(〈미나리〉, 〈성난 사람들〉, 〈패스트 라이브즈〉 등). 향후 다양한 글로벌 제작·배급자와의 다각적이고 긴밀한 소통과 협업을 위한 제도적, 실무적 지원도 필요하다.

| 2부 |

넷플릭스 혁신 에토스

제4장

넷플릭스 오리지널 콘텐츠

'넷플릭스적임', '넷플릭스다운 것'을 연상시키는 혁신과 자유로움을 가장 잘 드러내는 것이 파격적인 넷플릭스 오리지널 콘텐츠이다. 2013년 〈하우스 오브 카드〉의 대히트 이후, 수많은 넷플릭스 오리지널들이 인기를 끌었다. 이런 작품들은 콘텐츠 유통 및 배급자에 머물렀던 넷플릭스를 콘텐츠 제작자로서 존재감을 확실히 부각시켜준 일등공신이다.

또한 최근 과열되고 있는 글로벌 OTT 시장 경쟁 속에서 결국 경쟁력 있는 오리지널(자체제작) 콘텐츠가 OTT 서비스의 승패를 좌우하는 변수가 될 것이라는 전망이다. 넷플릭스가 오리지널 제작에 더 많은 투자를 하고 있는 이유이다. 이 장에서는 넷플릭스 오리지널의 다양한 유형, 제작 현황 등을 살펴보고, 넷플릭스 오리지널이 갖는 산업적·문화적 중요성, 그리고 넷플릭스 오리지널이 갖고 있는 미학적 특성들에 관해 논의할 것이다.

빨간 꼬리표 'N'

10년 전 불과 몇 편의 오리지널 타이틀을 보유하고 있던 넷플릭스가 2018년 1,000편, 2023년에는 4,000편이 넘는 오리지널 타이틀을 확보했다는 소식이다(Moore, 2023.12.14). 실로 기하급수적 성장세이다. 이미 넷플릭스 오리지널은 전체 미국 넷플릭스 라이브러리의 50%을 넘었다(Moore, 2023.10.26). 그러나 4,000편이 넘는 '넷플릭스 오리지널'의 빨간색 꼬리표 'N' 뒤에는 다양한 형태의 넷플릭스 오리지널 유형이 존재한다. 넷플릭스 오리지널은 상당히 광범위한 개념이다.

넷플릭스가 자체 정의하고 있는 네 가지 유형의 넷플릭스 오리지널은 다음과 같다. ① 풀커미셔닝(full commissioning) 오리지널: 넷플릭스가 커미셔닝하고 자체 제작함; ②라이선스(licensed) 프로그램: 넷플릭스가 해당 작품에 대한 독점적 국제 스트리밍 권한을 가짐; ③공동제작(co-production) 오리지널: 넷플릭스가 다른 제작사와 함께 공동 제작함; ④기존 프로그램 연장 제작: 넷플릭스가 기존에 취소된 작품을 연장하여 제작하는 형태이다(Robinson, 2018.11.9).

위의 정의에서도 잘 나타나듯이 넷플릭스 오리지널에 대한 넷플릭스 회사측 입장에서 가장 중요한 기준은 해당 국가에서 '오직 넷플릭스에서만 시청할 수 있다면' 그것이 '넷플릭스 오리지널'인 것이다. 흔히 우리가 넷플릭스에서 전적으로 자체 제작한 것으로 생각되는 많은 작품들이 실은 독점적 라이선스, 혹은 다른 제작사를 통해 제작된 작품이 많은 것이 흥미롭다. 4가지 유형에 대한 자세한 설명은 아래와 같다.

4가지 유형의 오리지널

1) '진짜' 넷플릭스 오리지널/풀 커미셔닝(full commissiong)

넷플릭스가 제작비를 전체를 대고, 제작하고, 독점 배급한 프로그램

- 대표적 사례

〈House of Cards〉(2013), 〈The Fundamentals of Caring〉(2016), 〈Stranger Things〉(2016), 〈The Crown〉(2016), 〈Ozark〉(2017), 〈Gerald's Game〉(2017) 등

2) 국제적으로 독점적인 오리지널(Internationally Exclusive Originals)

외국에서 넷플릭스에서만 독점적으로 방영되는지(넷플릭스에서만 볼 수 있는지) 여부에 따라 결정되며, 넷플릭스가 커미셔닝하지 않은 프로그램도 해당

- 대표적 사례

〈The Good Place〉(NBC 제작) : 호주, 캐나다, 남미, 영국 등에서 독점 방영
〈Bodyguard〉(BBC1 제작) : 아일랜드를 제외한 모든 다른 지역 독점 방영
〈Peaky Blinders〉(BBC1 제작) : 미국, 이탈리아, 포르투갈, 체코 독점 방영
〈Black Lightning〉(The CW 제작) : 미국외 다른 모든 지역 독점 방영

3) 공동제작 넷플릭스 오리지널(Co-produced Netflix Originals)

넷플릭스가 특정 국가의 네트워크와 파트너십을 맺고, 제작비와 권리를 나눠가지면서 제작 국가 외의 다른 지역에 독점 배포하는 경우

- 대표적 사례

〈Frontier〉 (캐나다 Discovery사와 공동제작) : 캐나다외 모든 다른 시장에 독점 배포
〈Lilyhammer〉(노르웨이 NRK와 공동제작)) : 전 세계 독점 배포
〈Troy : Fall of a City〉(영국 BBC1과 공동제작) : 아일랜드를 제외한 다른 모든 시장에 독점 배포
〈Mob Psycho〉 (일본 TV Tokyo와 공동제작) : 전 세계 독점배포

4) 다른 회사에 의해 제작되었지만 넷플릭스에 의해 단독 배포(Netflix Original Produced by Other Companies but Solely Distributed)

① 넷플릭스가 다른 제작사로부터 프로그램을 구입

- 대표적 사례

〈The Sandman〉 : 워너 브러더스에서 구입
〈Orange is the New Black〉 : 라이온게이트 TV에서 구입
〈The Umbrella Academy〉 : NBC 유니버설에서 구입

② 취소 시리즈 연장(Continuation Netflix Originals)

넷플릭스가 이전에 네트워크사가 취소한 시리즈를 재개하여, 이를 생산 및 배포.

이 유형을 별도로 분류하는 이유는 넷플릭스가 이 작품들에 대한 장기 소유 권한을 갖고 있지 않기 때문

■ 대표적 사례

〈Daredevil〉: 전 세계적으로 넷플릭스 오리지널이었지만 디즈니가 제작했기 때문에 판권 만료 후 디즈니가 되찾아갈 수 있음.[1]

〈Arrested Development〉(FOX 3 4 및 5)

〈Star Wars : The Clone Wars〉(Cartoon Network 5 6)

〈Black Mirror〉(Channel 4 2 3 및 4);

〈Lucifer〉 (FOX 3, 4)

(출처 : https://www.whats-on-netflix.com/news/the-four-types-of-netflix-originals/ (Robinson, 2018. 11. 9) 자료에서 요약, 발췌)

위의 설명에서와 같이 넷플릭스 오리지널은 넷플릭스가 전적으로 커미셔닝하는 '진짜' 오리지널뿐 아니라, 넷플릭스가 공동제작하거나 외국에서 독점적 방영권을 갖는 형태가 많다. 실제로 넷플릭스에서는 공동제작 형태로 투자한 한국의 〈미스터 션샤인〉(tvN)을 '넷플릭스 오리지널'로 넷플릭스 홈페이지에 홍보하기도 했다(Netflix, 2018.6.21).

한편, 제작 참여와 권리를 고려하여 3가지 유형으로 넷플릭스 오리지널을 분류하기도 한다. 첫째, 커미셔닝(Commissions)으로 흔히 '오리지널'로 불린다. 넷플릭스가 투자하고, 때로는 직접 제작에도 참여한다. 이 경우, 넷플릭스는 독점적 글로벌 권리와 함께, 이 권리를 영구적 혹은 적어도 10-15년을 행사한다. 둘째, 공동 커미셔닝(Co-commissions)으로 넷플릭스가 다른 회사와 권리와 제작비를 나누는 경우이다. 넷플릭스는 일반

1 실제로 넷플릭스의 마블 시리즈인 〈데어데블〉, 〈제시카 존스〉, 〈더 디펜더〉 등은 2022년 넷플릭스를 떠나 디즈니플러스 서비스로 넘어갔다. 〈못 말리는 패밀리(Arrested Developments)〉의 경우, 계약 연장으로 넷플릭스에 남았지만, 〈스타워즈: 클론전쟁〉는 디즈니플러스로 넘어가서 넷플릭스에서는 더 이상 볼 수 없다.

적으로 제작비의 절반 이상을 제공하고, 이에 상당하는 권리를 갖는다. 셋째, 권리 획득(Acquisitions)으로 넷플릭스가 어떤 '특정 국가'나 '특정 서비스 카테고리'에서 표준적이거나 독점적 권리를 획득하는 것이다(Lotz, 2021).

넷플릭스 오리지널 제작 현황

국가별 넷플릭스 오리지널 제작현황

로츠(Lotz, 2021)에 의하면 2020년까지 제작된 넷플릭스 오리지널 306편 가운데, 177편이 미국(58%) 외 지역에서 제작되었다. 이것은 넷플릭스의 멀티내셔널 서비스가 단순한 립서비스가 아니라 넷플릭스의 핵심적 전략임을 잘 보여주고 있다. 미국을 제외한 해외 국가 중에서 가장 많은 오리지널 커미셔닝과 공동제작이 이뤄진 곳은 한국이다(한국, 영국, 일본, 스페인, 브라질, 프랑스, 캐나다, 독일, 인도, 멕시코 순). (〈표 3〉 참조)

표 3 해외국가 가입자 랭킹과 커미셔닝과 공동제작

최대 가입자		최대 점유율		최대 커미셔닝/공동제작		
					합계	커미셔닝/공동제작
UK	11.3m	Canada	18.7%	South Korea	30	9/21
Brazil	8m	Australia	17.9%	UK	21	7/14
Germany	8m	UK	16.7%	Japan	17	9/8
Canada	7m	Germany	9.6%	Spain	12	8/4
Japan	6.8m	France	8.9%	Brazil	11	11/0

최대 가입자		최대 점유율		최대 커미셔닝/공동제작		
					합계	커미셔닝/공동제작
France	5.8m	Spain	7.7%	France	10	9/1
Mexico	4.5m	South Korea	7.0%	t Canada	9	2/7
Australia	4.5m	Japan	5.4%	t Germany	9	9/0
S Korea	3.6m	Brazil	3.8%	t India	9	8/1
Spain	3.6m	Mexico	3.6%	t Mexico	9	8/1

출처: Lotz(2021), p.202 재구성

그림 4 해외국가 넷플릭스 커미셔닝/공동제작 현황(2020년 2월)

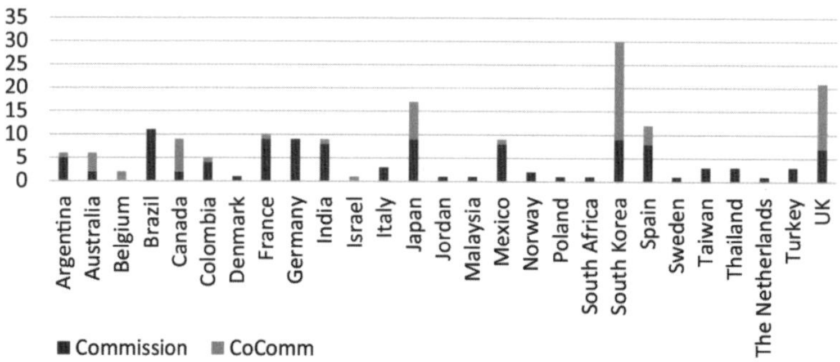

출처: Lotz(2021).p.202

글로벌 인기 순위권의 오리지널

2022년 8월, 2023년 2월. 2023년 9월에 넷플릭스사는 넷플릭스 역사상 최장 시청시간을 기록한 인기작을 자체 공개했다. 순위는 시즌 공개 후 28일간의 시청시간 합계에 기초한 자료이다. 최근에는 개봉 후 28일이 아닌 91일까지의 시청뷰를 합산한 순위자료를 발표하고 있다.

2023년 2월 28일에 발표한 자료에 의하면 넷플릭스 역사상 누적 시청시간 순위가 가장 높은 드라마는 〈오징어 게임〉(시즌 1)이다. 이어 〈기묘한

표 4 넷플릭스 역대 최고 히트작 드라마(최초 공개 후 28일간 시청시간 기준, 2023.2.28일자)

순위	타이틀	시즌#	장르소개	시청시간
1	오징어 게임 (Squid Game)	시즌 1	한국형 서바이벌 스릴러	16억 5,000만
2	기묘한 이야기 (Stranger Things)	시즌 4	레트로 SF 시리즈	13억 5,000만
3	웬즈데이 (Wednesday)	시즌 1	성년기의 초자연적 블랙 코미디	12억 4,000만
4	다머 (Dahmer)	시즌 1	실화 바탕 연쇄 살인마 시리즈	8억 5,620만
5	종이의 집 (Money Heist)	시즌 5	스페인어 스릴러	7억 9,220만
6	브리저튼 (Bridgerton)	시즌 2	시대극 로맨스	6억 5,630만
7	브리저튼 (Bridgerton)	시즌 1	시대극 로맨스	6억 2,550만
8	종이의 집 (Money Heist)	시즌 4	스페인어 스릴러	6억 1,900만
9	기묘한 이야기 (Stranger Things)	시즌 3	레트로 SF 시리즈	5억 8,210만
10	루시퍼 (Lucifer)	시즌 5	판타지 경찰 드라마	5억 6,950만
11	지금 우리 학교는 (All of Us Are Dead)	시즌 1	고등학교를 배경으로 펼쳐지는 한국형 좀비 스릴러	5억 6,080만
12	위쳐 (The Witcher)	시즌 1	판타지 드라마	5억 4,100만
13	애나 만들기 (Inventing Anna)	시즌 1	가짜 사교계 명사에 대한 실화 바탕 범죄 리미티드 시리즈	5억 1,190만
14	지니 & 조지아 (Ginny & Georgia)	시즌 2	모녀 드라마	5억 480만

출처 : https://www.cnet.com/tech/services-and-software/netflixs-biggest-hit-movies-and-shows-ranked-according-to-netflix/

이야기〉(시즌 4), 〈웬즈데이〉(시즌 1)가 2, 3위를 차지하고 있다(〈표 4〉). 〈오징어 게임〉, 〈종이의 집〉 그리고 〈지금 우리 학교는〉 같은 비영어권 넷플릭스 오리지널 드라마가 글로벌 전체 순위의 상위권을 차지하는 현상은 매우 의미심장한 변화이다.

이전 서구 주도의 글로벌 영상 시청문화와는 달리, 다양한 문화권의 영상물을 적극 수용하는 새로운 시청문화를 반영하고 있다. 〈오징어 게임〉, 〈종이의 집〉, 〈뤼팽〉의 인기는 과거 할리우드 주도의 전통적 헤게모니에 대한 새로운 도전이다. 비영어권 넷플릭스 오리지널 시리즈물들이 할리우드의 문화 제국주의에 영향을 받았던 글로벌 수용자의 선호도를 크게 바꾼 것이다(Limov, 2020).

한편 비영어권 드라마를 대상으로 한 시청 순위는 다음과 같다.

표 4-2 2023년 기준 넷플릭스 역대 최고 비영어(non-English) 드라마 순위
(최초 공개 후 91일간 시청시간 기준, 2023. 12. 31일자)

순위	타이틀	시즌#	시청시간	CVE(Completed Viewing Equivalent)
1	오징어 게임 (Squid Game)	시즌 1	22억 520만	265,200,000
2	종이의 집 (Money Heist)	시즌 4	7억 1,020만	106,000,000
3	뤼팽 (Lupin)	시즌 1	3억 9,630만	99,500,000
4	종이의 집 (Money Heist)	시즌 5	9억 70만	99,200,000
5	종이의 집 (Money Heist)	시즌 3	5억 1,980만	80,000,000
6	뤼팽 (Lupin)	시즌 2	2억 5,890만	68,400,000

순위	타이틀	시즌#	시청시간	CVE (Completed Viewing Equivalent)
7	누가 사라를 죽였을까 (Who Killed Sara?)	시즌 1	3억 9,240만	58,400,000
8	지금 우리 학교는 (All of Us Are Dead)	시즌 1	6억 7,930만	55,500,000
9	사랑하는 아이 (Dear Child)	시즌 1 (Limited Series)	2억 4,540만	50,900,000
10	엘리트들 (Elite)	시즌 3	3억 3,480만	50,000,000

출처 : https://www.whats-on-netflix.com/what-to-watch/most-watched-series-movies-of-all-time-hours-watched/

인기 넷플릭스 오리지널의 특징

인기 넷플릭스 오리지널의 특징을 살펴보면, 여전히 권역별로 인기 있는 드라마들이 있다 실제로 한국, 스페인의 오리지널의 경우, 전 세계적 인기도가 분포되어 있는데 비해, 남미권의 드라마들(〈Who killed Sara〉, 〈Elite〉 등)은 아시아권에서는 큰 인기를 누리지 못하는 것으로 보인다. 내용적 특징으로는 강하고, 개성있는 소녀와 여성 캐릭터를 주인공으로 하는 드라마들이 인기를 끌고 있다. 〈기묘한 이야기〉의 일레븐(Eleven), 〈웬즈데이〉의 웬즈데이(Wendesday Adams), 〈브리저튼〉의 다프네(Daphne Bridgerton), 그리고 〈퀸스 갬빗〉의 베스(Beth Harmon) 등이다. 또한 전체적으로 비영어권 오리지널에서 '어둡고' 폭력성이 높은 범죄, 스릴러물이 높은 인기를 끌고 있는 것으로 나타났다.

그림 5 넷플릭스 역대 최고 인기 TV 시리즈 리스트(최초 공개 후 91일간 시청시간 기준, 2024.1.7일자)

Most Popular TV (English)

As of January 7, 2024

	TITLE	HOURS VIEWED	RUNTIME	VIEWS
1	Wednesday: Season 1	1,718,800,000	6:49	252,100,000
2	Stranger Things 4	1,838,000,000	13:04	140,700,000
3	DAHMER: Monster: The Jeffrey Dahmer Story	1,031,100,000	8:55	115,600,000
4	Bridgerton: Season 1	929,300,000	8:12	113,300,000
5	The Queen's Gambit: Limited Series	746,400,000	6:37	112,800,000
6	The Night Agent: Season 1	803,200,000	8:11	98,200,000
7	Stranger Things 3	716,100,000	7:33	94,800,000
8	Bridgerton: Season 2	797,200,000	8:30	93,800,000
9	The Witcher: Season 1	663,600,000	8:00	83,000,000
10	Queen Charlotte: A Bridgerton Story	526,800,000	6:29	81,300,000

Most Popular TV (Non-English)

As of January 7, 2024

	TITLE	HOURS VIEWED	RUNTIME	VIEWS
1	Squid Game: Season 1	2,205,200,000	8:19	265,200,000
2	Money Heist: Part 4	710,200,000	6:42	106,000,000
3	Lupin: Part 1	396,300,000	3:59	99,500,000
4	Money Heist: Part 5	900,700,000	9:05	99,200,000
5	Money Heist: Part 3	519,800,000	6:30	80,000,000
6	Lupin: Part 2	258,900,000	3:47	68,400,000
7	Who Killed Sara?: Season 1	392,400,000	6:43	58,400,000
8	All of Us Are Dead: Season 1	679,300,000	12:14	55,500,000
9	Dear Child: Limited Series	245,400,000	4:49	50,900,000
10	Lupin: Part 3	276,100,000	5:31	50,000,000

출처: https://www.netflix.com/tudum/top10/most-popular/tv

오리지널의 산업적·문화적 중요성

2011년 이후 오리지널 콘텐츠를 제작하기 시작한 넷플릭스는 글로벌 확장 작업을 완료하고, 자신들의 제작 철학을 선언한 2016년 이후 본격적으로 로컬 국가에서의 넷플릭스 오리지널 제작 투자를 늘려왔다. 2022년 스태티스카(Statisca) 자료에 의하면 넷플릭스는 2022년 180억 달러로 5년 전의 거의 두 배 이상을 투자해왔다.

2023년에도 넷플릭스는 포스트코로나 이후의 침체를 타파하기 위한 정책의 일환으로 오리지널 프로그램 투자를 강조하고 있다. 경쟁이 심화되고 있는 OTT 시장에서 보다 더 신중하고 선택적인 투자가 필요하지만, 오리지널 콘텐츠는 모든 OTT 기업에서 포기할 수 없는 핵심적 자산이기 때문이다. 실제로 미국의 OTT 서비스 이용자 5,426명을 대상으로 한 SNL 케이건의 설문조사(2022년 9월 실시)에 의하면, 스트리밍 서비스에서 가장 즐겨보는 콘텐츠는 오리지널 콘텐츠로 나타났다(S&P Global Market Intelligence, 2023).

넷플릭스 오리지널은 크게 2가지 측면에서 중요하다. 첫째, 산업적 비즈니스 전략 측면이다. ①오리지널은 비용 효율적이다. 한번 제작비가 회수된 이후 프로그램은 계속 수익을 창출한다(라이선스 기간 이후 반납해야 하는 제약 없음). ②전 세계 동시상영으로 전 세계 잠재적 시청자들을 유인하고, 인기에 영향을 줄 수 있다. ③국제적 프로모션에 이상적인 수단이다(Lobato & Lotz, 2020). 특히 화제성있는 오리지널은 OTT 서비스의 강력한 유입요인이 된다. 최근 한국에서는 디즈니 플러스의 〈무빙〉, 애플 TV의 〈파친코〉, 티빙의 〈환승연애〉 등이 해당 OTT 서비스 가입자 확보에 매우 성공적 유인책이 된 것으로 나타났다.

둘째, 넷플릭스 오리지널이 넷플릭스의 정체성과 혁신적 서사에 중요한 부분을 차지하고 있다는 점이다. 2013년 일괄출시한 〈하우스 오브 카드〉는 넷플릭스라는 존재를 콘텐츠 유통자가 아닌 퀄리티 드라마의 제작자로 인식시킨 대표 인기 오리지널이다. 또한 넷플릭스의 활발한 비영어권 오리지널 투자와 생산은 넷플릭스가 콘텐츠 오리진(origin)의 국가 다양성을 중요한 가치로 다루고 있다는 것을 잘 보여주기도 한다. 이것이 넷플릭스와 디즈니의 결정적 차이점이기도 하다.

초국적 어필을 고려한 오리지널의 커미셔닝

넷플릭스의 리드 헤이스팅스는 넷플릭스 오리지널 생산과 투자에서 3가지 주요 특성을 고려한다고 했다. ①국제적인 시장 확장성, ②지역적으로 글로벌한 가입자를 유인하고, 보유, 확장할 수 있는 특성, ③다양성과 광범위한 틈새 관객에게 어필할 수 있는 혁신성이다. 혁신적 오리지널에는 영상 전문가 집단의 호평(비평가, 제작자, 작가들), 그리고 열성 시청자들의 인정(팬공동체, 웹사이트, 전문 블로그)이 뒤따른다(Hass, 2013.1.29).

넷플릭스의 인-하우스 제작물이 어떤 종류의 오리지널이건 간에 넷플릭스는 로컬과 글로벌 수용자 모두에게 어필할 수 있는 프로그램 콘셉트를 개발, 투자한다. 그러나 일반적인 미디어 텍스트가 '국내' 어필을 먼저, 차후에 '초국적' 어필을 고려하는데 비해, 넷플릭스는 처음부터 초국적 어필을 고려한다(Jenner, 2018).

예를 들면, 인기 넷플릭스 오리지널인 〈더 크라운〉의 경우, 영국 엘리자베스 2세의 전기적 드라마이지만, 이미 영국의 시대극은 전 세계적으로 고정 관객층이 존재한다. 〈다운튼 애비〉의 국제적 성공은 영국의 역사가 국제 시장에서 잘 팔릴 수 있다는 사례이다. 둘째, 광범위하고 심각한 정치적 맥락성보다는 개인적 인간적 고뇌를 중심으로 스토리를 전개하면서 보다 많은 관객들에게 어필한다.

넷플릭스가 공동투자한 한국의 〈미스터 션샤인〉의 경우에도 뛰어난 미학적 완성도를 보이는데, 실제로 '모던 경성'의 이미지를 글로벌하게 어필하는 시각적 스펙터클로 재현하고 있다(Kim, 2022). 호주의 사례로는 밀레니얼 초현실주의 드라마 〈타이드랜드〉, 독특하고 논란이 많은 코미디 〈별종들〉, 그리고 넷플릭스 오리지널에서 잘 팔리는 국제적 정치 음모론 드라마 〈파인 갭〉 등이 있다. 이런 장르 카테고리는 하나의 시장에 국한되지 않는 초국적 수용자를 유인할 수 있는 장르로서 커미셔닝을 활성화시킨다(Cunningham & Scarlarta, 2020).

그렇다고 해서 넷플릭스의 초국적 커미셔닝이 '호주적인 것(Australianess)'을 경시하는 것은 아니다. 호주적 독특함이 마켓 가치가 있을 때는 이를 강조하기도 한다. 예를 들면, 〈타이드랜드〉에서 퀸즈랜드나 모튼 베이 지역의 자연 경관을 스펙터클화하기도 한다.

넷플릭스 오리지널 현지화 전략 – '비영어권' 오리지널

넷플릭스는 전 세계 크리에이터들에게 자신의 나라에서 자신의 언어로 작품을 만들 수 있도록 허용했다. 만약 스토리텔링이 좋고 작품 질이 좋으면 글로벌 관객들의 마음에 가서 닿을 수가 있다. 제작국의 로컬 시장을 넘어 글로벌 관객들을 만날 수 있는 넷플릭스의 비영어권 드라마의 인기는 넷플릭스가 주도한 중요한 변화이다. 그리고 이것이야말로 넷플릭스가 진정한 '게임 체인저'로 불리는 이유이기도 하다.

다양한 국가에서의 현지 오리지널 콘텐츠 제작은 넷플릭스 비즈니스 전략의 핵심적 부분이면서, 동시에 넷플릭스가 내세우는 '혁신성'과 '다양성' 가치를 효과적으로 뒷받침한다. 넷플릭스 2022년 3분기 결과보고서에서 테드 사란도스는 로컬 제작의 글로벌 전망을 이렇게 말했다.

> 나는 로컬 제작 성장의 효과를 이 지구 상의 모든 곳에 있는 새로운 스토리텔러들에게 소개하고, 그들에게 TV의 미래를 지배할 수 있는 기회를 제공하고 싶다(Netflix Investors, 2022).

글로컬 개념은 다양성을 강조하는 넷플릭스의 콘텐츠 담론에서 주요한 역할을 한다. 리모브(Limov, 2020)는 글로벌 플랫폼에서 유통되는 로컬 콘텐츠가 많아지면서 외국 콘텐츠에 대한 새로운 문화적 친근감을 만들어내고 있다고 말한다. 더 나아가 '플랫폼 코스모폴리타니즘(platform cosmopolitanism)'이라는 용어까지 생겨났다(Nan, 2023).

다양한 현지어 오리지널 제작은 '다양성의 존중'이라는 넷플릭스의 브랜드 이미지 구축에서 주요한 부분이다. 2023년 현재 넷플릭스 사이트의 첫 화면은 넷플릭스라는 기업의 핵심 가치를 '공감', '다양한 사람들의 이야기' 등으로 강조하고 있다. 여기에 억압받고 차별받는 사람들에 대한 연대라는 의미의 '알리십(Allyship)'도 넷플릭스의 핵심가치로 등장했다.

비영어권 콘텐츠는 계속해서 넷플릭스 라이브러리의 주요 부분을 차지한다. 넷플릭스에서 비영어권 TV 시리즈의 글로벌 인기는 다양한 배급과 언어 마케팅, 추천 알고리즘과 소셜 대화의 결과로 나타났다. 글로벌 이동(여행) 가능성을 높이기 위한 구체적 전략은 글로벌·로컬 차원에서 다음과 같이 나타났다(Neira, Clares-Gavilán,& Sánchez-Navarro, 2023).

넷플릭스 비영어권 콘텐츠 글로벌 이동 가능성 향상 전략

1) 창작과 제작(local)

– 글로벌 접근을 위한 로컬 콘텐츠는 작품에 그린라이트를 주는 각 지역 전문가에 의해 전달된다. 로컬 제작환경을 잘 이해하는 지역 매니저를 배치한다.

2) 수용자 프로토타이핑(prototyping)(global)

– 프로젝트는 콘텐츠 특성과 연관된 잠 재수요자의 규모에 의해 평가된다(장르, 배우, 포맷, 주제, 메타데이터 등). 그들의 지리적 위치와 상관없는 다양한 플랫폼 취향 커뮤니티가 고려된다.

3) 유통 전략(global)

– 190개국 동시 개봉은 지역 수용자 사이에 글로벌 응집력을 향상시킨다. 취향 커뮤니티 사이의 소셜 대화는 콘텐츠에 대한 욕구와 인기를 배가시킨다.

4) 언어 번역(local)

– 다양하고 정확한 자막작업과 고품질의 더빙은 타국가 수용자를 유인하는 강력한 수단이다. 대부분 자막과 더빙 작업은 별개로 진행되지만, 더빙 작업은 로컬 문화에 익숙한 배우를 고용하는 추세이다. 넷플릭스는 최고의 퀄리티를 유지하기 위해 전문가 파트너 글로벌 네트워크를 갖고 있다.

5) 마케팅과 프로모션(global and local)

– 넷플릭스는 각기 다른 문화권에 어필하기 위해 각 지역, 국가별 다양한 마케팅 요소를 사용하고 있다. 이를 위한 콘텐츠 현지화와 퀄리티 콘트롤 오피스를 두고 있다(예를 들면, 〈기묘한 이야기〉 시즌 2 마케팅을 위해 각 국가에 친근한 캐릭터를 활용한 마케팅 전략을 사용).

6) 추천 알고리즘(Global)

– 로컬 마케팅과 프로모션은 로컬한 성격을 띄지만, 추천 알고리즘은 글로벌 수용자에게 직접 추천시스템을 작동한다.

7) 인기 랭킹(local)

– 각 국가별 Top 10 랭킹 리스트를 제공하여 인기를 가시적 데이터로 보여주고 일종의 내적인 인기 스파크를 일으킨다.

8) **소셜 대화**(global & local)

- 소셜미디어와 온라인 상의 대화는 글로벌, 로컬 인기에 매우 중요하다. 특히 개인적 소셜미디어 내용이 공중 담론으로 변환될 때, 일종의 동맹적 센세이션을 만들어 낸다.

(출처 : Neira, Clares-Gavilán,& Sánchez-Navarro, 2023, p.9)

로컬 콘텐츠의 글로벌 이동가능성(여행가능성) 향상 전략은 넷플릭스뿐만 아니라 다른 글로벌 OTT 플랫폼에게도 확산되고 있다. 향후 이런 트렌드가 서구를 포함한 글로벌 시청자들에게 장기적으로 어떤 변화를 가져올지, 또한 로컬 콘텐츠 제작에 어떤 영향을 줄 것인지는 대중문화 연구의 주요 연구 주제가 될 것이다.

넷플릭스 오리지널 퀄리티와 대중성

넷플릭스 정체성 논의(2장)에서 언급했듯이, 넷플릭스는 스스로를 HBO의 뒤를 잇는 고퀄리티 인터넷 TV라고 정의했다. 실제로 넷플릭스 신규 가입자 유인 요인으로 '넷플릭스에서만 볼 수 있는' 독특하고 수준 높은 오리지널 드라마와 영화가 큰 역할을 했다. 그러나 2015년 이후부터 넷플릭스는 퀄리티 TV 프로그램과 더불어 대중적 프로그램 쪽에도 서서히 비중을 두기 시작한다(예를 들면 아담 샌들러 주연 영화와 〈Fuller House〉 같은 시트콤, 자극적인 범죄, 스릴러물 등). 이런 변화는 넷플릭스의 초국가적 확장과 글로벌 관객의 광범위한 취향을 저격하려는 의도로 볼 수 있다(Jenner, 2018, p.139). 넷플릭스 오리지널의 브랜드 가치인 '퀄리티' TV의 특성과 대규모 관객의 취향에 어필하려는 대중성, 이 두 갈래 흐름이 넷플릭스 오리지널에 동시에 나타나고 있다.

넷플릭스 오리지널과 작가주의; 넷플릭스 퀄리티 드라마

넷플릭스는 오리지널 제작을 시작하면서 자신의 경쟁모델로 퀄리티 드라마의 대부 격인 HBO를 내세웠다. 실제로 2013년 이후 넷플릭스 오리지널 TV 프로그램(〈하우스 오브 카드〉, 〈오렌지 이즈 더 뉴 블랙〉, 〈기묘한 이야기〉 등)은 그 파격성과 작품 완성도로 에미상을 포함한 많은 상을 수상했다. 또한 영화 〈로마〉(2018)와 2019년 발표한 넷플릭스 온리 영화 3편(〈아이리시맨〉, 〈두 교황〉, 〈결혼이야기〉) 등이 아카데미와 국제 영화제에서 수상하면서 고품질 콘텐츠의 산실로서 존재감을 높였다.

넷플릭스 오리지널 드라마는 퀄리티 TV, 혹은 '하이엔드 드라마(high-end drama)'[2]의 특징이라고 할 수 있는 1) 내러티브 복합성(narrative complexity), 2) 장르 혼합성(genre hybridity), 3) 영화 수준의 시각적 스타일(cinematic visual style)을 갖고 있다(Nelson, 2007). 쉴뤼츠(Schlütz, 2016)는 퀄리티 TV가 스토리텔링, 캐스팅, 내러티브, 상호텍스트성 관점에서 복합적이고 현실적인 서사, 논쟁적 주제, 모호한 캐릭터 등을 그 특징으로 한다고 말한다. 또한 퀄리티 TV는 하나의 브랜드이자 "메타 장르로 기능하는 문화적으로 뒤섞인 담론적 구성물"이라고 주장한다.

2 하이엔드 드라마는 HBO가 1990년대 후반에서 2000년대 초반 영화적 완성도를 가진 퀄리티 드라마를 대거 발표하면서부터 나온 일련의 최고급 퀄리티의 드라마를 말한다. 대표작으로는 HBO의 〈Sopranos〉(1999-2007), 〈Six Feet Under〉(2001-2005), Fox의 〈24〉(2000-2010), NBC의 〈West Wing〉(1999-2006), ABC의 〈Lost〉(2004-2010) 등이 있다.

작품의 텍스트적 특성뿐 아니라, 비평가 커뮤니티의 호평, 여기에 자율적이고 열성적인 시청자의 개입이 더해져서 일종의 도전적인 '엔터테인먼트 경험'을 구성한다는 것이다. 즉 복잡한 내러티브로 수용자 참여와 충성도를 강화시키며, 빈지워칭 수용행태를 통해 멀티 플랫폼 시대 팬들의 몰입을 독려한다.

넷플릭스가 파격적인 퀄리티 오리지널을 생산할 수 있는 배경은 무엇보다 광고 기반 TV 모델에서 구독 기반 모델로의 전환이다. 젠킨스 등(Jenkins, Ford & Green, 2018)은 TV의 기본 변화를 편성 기반모델(appointment-based model)에서 관여 기반모델(engagement-based model)로의 이동이라고 말한다(p.116). 편성 기반 모델에서는 목표 수용자의 잉여 존재들을 갖기 어렵지만, 넷플릭스와 같은 관여 기반 모델은 이러한 '잉여'까지 포섭하여 다양성을 확보할 수 있게 된다.

넷플릭스를 비롯한 구독 기반 서비스의 특징은 기존 TV 시장에서 중시했던 시청률과 그에 기반한 광고 수익에서 자유로워진다는 점이다. 이는 광고주나 광고의 타깃이 되는 주류 집단의 선호를 반영한 장르물의 제작에서도 자유로워질 수 있다는 가능성을 갖는다. 예를 들어 넷플릭스 오리지널 시리즈인 〈오렌지 이즈 더 뉴 블랙〉(2013)과 같이 레즈비언 재소자들의 이야기는 대중과 광고주 수익을 의해 움직이던 기존 시스템에서 상상하기 어려운 것이었다. 게르숑(Gershon, 2014.10.21)은 온-디맨드 모델로 인해 더 어두운 테마와 주제, 내러티브가 가능해졌다고 말한다. 이와 같이 편성 모델에서 구독 기반 플랫폼 모델로 광고주-수용자 사이의 관계가 희미해지면서, 다양한 형식과 내용의 콘텐츠에 대한 실험과 도전의 자유가 가능해진 것이다(홍남희, 2020).

이런 맥락 하에 넷플릭스는 기존 편성 기반 TV와는 차별적인 혁신적 드라마 제작이 가능해졌다. 최근 들어 〈퀸즈 갬빗〉, 〈브리저튼〉, 〈웬즈데이〉까지 넷플릭스는 끝임없이 파격적인 드라마들로 화제성과 작품성을 동시에 거머쥐고 있다. 그 소재, 서사구조, 비주얼, 캐릭터 등은 하나같이 이전에 없었던 과감한 내용과 표현 방식 들이다. 즉 역량있는 제작진들이 혁신적 실험과 창의성을 발휘할 수 있는 기회를 갖게 된 것이다.

넷플릭스 오리지널의 대중성과 획일성

그러나 다른 한 편으로는 넷플릭스 오리지널이 점차로 자극적이고 폭력적인 장르물로 획일화되고 있다는 비판도 제기되고 있다. 이 점은 넷플릭스도 스스로 인정하고 있다.

> 넷플릭스 오리지널은 전 세계 관객들로부터 항상 양분된 반응을 얻어왔습니다. 일부 콘텐츠는 저질적인 품질로 인해 미움을 받았지만, 반대로 대폭 업그레이드 된 작품인 〈더 크라운〉, 〈기묘한 이야기〉와 같은 작품도 있습니다. '오리지널' 배너 아래에서 최고의 작품과 최악의 작품 사이에는 큰 격차가 있습니다(Robinson, 2018. 11. 9).

가장 큰 비판을 받는 것은 장르적 획일성과 지나치게 자극적 관심을 끄는 프로그램의 확대이다(Albornoz & Leiva, 2022). 다양성과 제재 없는 표현의 자유 이면에는 지나친 선정성, 폭력성, 과잉 자극 콘텐츠의 문제들이 대두된다. "넷플릭스를 너무 많이 본 것 아닌가"하는 말이 곧 과도하게 폭력적인 범죄·스릴러물에의 노출을 의미한다면, 이것은 분명 넷플릭스 오리지널의 폭력성과 획일성에 대한 경고이다.

넷플릭스는 최근 질보다는 양 중심의 라이브러리 확장에 치중하고 있다는 지적도 있다(Anderson, 2019.10.23). 실제로 IMDB 평점으로 살펴볼 때, 전체적인 넷플릭스 오리지널의 평가점수는 예전보다 많이 떨어지고 있다. 물론 이 가운데 퀄리티를 자랑하는 작품들이 없는 것은 아니지만, 실제로 너무 많은 오리지널을 양산하다보니 전체적으로 작품성이 떨어지는 대중적 인기 장르로 몰리고 있다는 얘기이다.

넷플릭스가 오리지널의 '다양성'을 그 모토로 내세우고 있지만, 실제 유럽의 경우에도 오리지널의 생산은 범죄, 호러, 판타지, S/F 등의 장르로 집중되는 경향이 있다(Afilipoaie, Lardache, Raats, 2021). 게다가 넷플릭스 오리지널은 다양한 언어의 로컬 현지 제작을 강조하지만, 〈종이의 집〉으로 유명한 스페인의 경우에도 실제 영어로 된 미국산 오리지널이 79.8%(2018년), 74.5%(2019)를 차지하고 있는 것으로 나타났다. 정작 넷플릭스 오리지널은 '국제화 양념을 뿌린 미국산 메뉴'라는 주장이 나오는 이유이다(Albornoz & Leiva, 2022).

'네크로필리아(Necrophilia)' 정서

〈컴플렉스 TV(Complex TV)〉(2015)를 쓴 제이슨 미텔(Jason Mittell)은 드라마의 미학을 넘어 드라마의 시학(poetics)에 주목해야 한다고 말한다. 즉, 시대적 맥락과 정서가 TV 드라마를 포함한 대중예술에서 주도적으로 표현하고 전달하는 감각과 무관하지 않다는 것이다. 실제로 20세기 초반 다다이즘, 20세기 말 〈X-파일〉과 같은 혼성감성의 불가해한 S/F 공포물이 등장한 배경에는 세기말적 불안과 니힐리즘 정서가 있다. 그렇다면 현재 넷플릭스 오리지널 드라마들에 나타나고 있는 과도한 폭력과 죽음들은 어떤 정서를 반영하고 있는 것일까.

〈우리는 여전히 삶을 사랑하는가〉(2022)라는 책에서 에리히 프롬은 생명을 사랑하는 바이오필리아(Biophilia)와 죽음을 좋아하는 네크로필리아(Necrophilia)를 구분하면서, 네크로필리아를 다음과 같이 설명한다. 사람들이 더 이상 삶과 살아 있는 것을 사랑하지 않고 무의식적으로 점점 더 파괴적인 것과 죽은 것에 대한 사랑(네크로필리아)에 마음을 빼앗기고 있는 상태를 말한다.

에리히 프롬은 사랑과 살아 있는 것을 향하는 삶의 일차적 성향을 확신했다. 물론 그 성향이 저지되거나 좌절될 수 있고, 그렇게 되면 심리적 압박, 불안, 정신질환이 발생하고, 좌절된 경우에는 생명이 없는 것과 죽은 것에 마음이 끌리게 된다. 기후변화, 빈곤 및 사회 불평등 심화, 테러, 새로운 군비 경쟁으로 세상은 점점 위험해지고 있다. 그 속에서 사람들은 스스로 감정을 느끼기보다는, 점점 자극과 스릴, 열광에 대한 욕망이 커지고, 더불어 체험과 생기를 억지로 밀어 넣는 미디어에 더욱 종속되어 간다(프롬, 2022, p.18).

최근 넷플릭스 오리지널에 나타나는 과잉 폭력과 신체 상해들도 어쩌면 일종의 '네크로필리아' 정서를 반영하고 있다고 볼 수 있다. 물론 이런 넷플릭스의 최근 유행은 코로나 19 팬데믹이라는 인류 역사상 전례 없는 비극적 상황과 무관하지 않다. 신천지 사태로 극대화된 한국의 코로나 19 공포, 이탈리아의 문화적 유적 뒤로 보이는 주변 통제선과 치솟는 주검의 숫자들, 현대적 활기가 가득했던 뉴욕시에 냉동차에 보관된 시체들의 뉴스 영상, 사방에 정체모를 바이러스가 가져온 공포와 죽음의 냄새가 가득했다.

코로나 팬데믹 이후에도 전쟁과 분쟁이 끊이지 않고 있다. 우크라이나 전쟁, 최근의 가자지구의 분쟁 등으로 전 세계가 점점 더 네크로필 정서에 쉽게 노출되고 있다. 이를 반영하듯 넷플릭스에서는 끊임없이 더 자극적인 폭력물, 범죄물 들이 쏟아져 나오고 있다.

특히 한국 넷플릭스 오리지널에서 묘사하고 있는 학교폭력, 사회폭력, 살상의 이미지들은 과도하고 너무 직접적이다. 예를 들면 〈오징어 게임〉의 작품성은 인정하지만, 계급, 탐욕, 생존 경쟁에 대한 '사회적 비판'이라는 명목 하에 지나치게 잔인한 대학살을 정당화하는 것이라는 비판도 있었다(Bruni, 2021.10.21). 과도한 폭력이 시청자들의 관심을 끌 수는 있지만, 그 폭력성 묘사 속에 인간의 삶과 미래에 대한 성찰이 담겨 있지 않다면, 점점 더 우리를 파괴적인 네크로필 정서에 사로잡히게 할 위험성이 있다.

제5장

AI 개인 맞춤형 추천 시스템

넷플릭스의 기술적 혁신과 성공비결 가운데 가장 많이 언급되는 것이 바로 개인화된 추천 시스템이다. 넷플릭스는 AI를 활용하여 모든 가입자의 시청이력과 선호도를 데이터화하여 2,000여 개가 넘는 취향 그룹으로 나누고, 이들에게 더 쪼갤 수 없을 정도로 세분화된 8만 개가 넘는 미시 장르(micro-genre)로 분류한 넷플릭스 콘텐츠를 개인 맞춤형으로 추천하는 것으로 알려져 있다. 넷플릭스는 이러한 개인화된 추천시스템을 넷플릭스 브랜드의 핵심요소로 강조하고 있다. 또한 추천 시스템은 넷플릭스 서비스의 핵심 부분 중 하나로, 이용자 만족도를 높이고 구독자 유치와 유지를 촉진하는 데 큰 역할을 한다. 이 장에서는 넷플릭스 추천시스템을 알고리즘, 알트 장르, 취향그룹을 중심으로 소개하고, 추천 시스템이 강조하는 '온-디맨드 유토피아'와 '개인 맞춤형' 레토릭에 가려진 추천 시스템의 이면을 고찰해본다.

알고리즘 활용한 개인 맞춤형 추천 : "당신이 원하는 바로 그 영화와 TV 프로그램을 추천한다"

"넷플릭스는 바로 '개인화(personalization)'이다." 2011년 인터뷰에서 당시 최고 콘텐츠 책임자 테드 사란도스가 한 말이다. '개인화' 레토릭은 여러 홍보자료를 통해 넷플릭스의 핵심적 정체성을 잘 드러내고 있다(Frey, 2021). 이 개인화 레토릭을 구체적으로 뒷받침하는 것이 정교한 추천시스템이다.[1]

넷플릭스는 자체 홈페이지에서 "개인화된 추천 콘텐츠 시스템이 작동하여 최소한의 노력으로 좋아하는 TV 프로그램 또는 영화를 찾도록 돕는다"라며 수용자 편의와 자율성을 강조한다. 수용자 리서치에 의하면 전형적인 넷플릭스 가입자는 1분에서 1분 30초의 검색 시간을 가지며, 1개나 2개의 스크린에서 10개나 20개의 타이틀(이 가운데 3편은 자세히)을 살펴보는 것으로 나타났다. 추천 시스템의 관건은 바로 이 짧은 시간에 가입자들에게 강력한 매력을 가진 흥미를 끄는 작품을 추천해야 한다는 점이다(Gomez-Uribe & Hunt, 2015, p.13).

또한 '비전문가들도 알 수 있는 쉬운 용어'로 추천시스템을 공개 설명하고 있다.[2] 그러나 추천 시스템의 세부 작동방식은 여전히 외부인에게는 공개되지 않는 복잡한 알고리즘에 기반한 기업 내부 정보이며, 외부에는 불투명한 부분이 많다.

1 최근 넷플릭스 사이트는 보고 싶은 시리즈와 영화를 한눈에 확인할 수 있는 '나의 넷플릭스' 회원 맞춤형 기능도 도입했다(Chao, 2023.7.25).

2 https://help.netflix.com/ko/node/100639 참고

넷플릭스 기술 혁신팀 부사장인 토드 옐린(Todd Yellin)은 넷플릭스 추천 시스템의 블랙박스를 이해하기 위해서는 "3개의 다리로 된 스툴을 연상하면 되는데, 이 스툴의 3개의 다리는 넷플릭스 가입자 데이터, 프로그램 내용의 거의 모든 것을 이해하는 태거(tagger), 그리고 모든 데이터를 수집하고 이를 연결하는 우리의 기계 학습 알고리즘이다"라고 말하고 있다(Plummer, 2017.8.22).

AI 활용 추천 시스템의 발전 : 시네매치와 넷플릭스 프라이즈

넷플릭스는 DVD 대여 서비스 시절부터 추천 시스템에 공을 들여왔고, 자동화된 알고리즘 추천 시스템인 시네매치(Cinematch)를 통해 수용자들의 평점 모델을 선보였다. 그러나 시네매치는 여러 가지 약점을 갖고 있었다.

넷플릭스는 시네매치 이후, 넷플릭스 프라이즈(2006-2009) 등의 대회를 통해 넷플릭스 추천시스템을 업그레이드 해왔다. 넷플릭스 프라이즈는 2006년 10월부터 2009년 7월까지 약 3년에 걸쳐 이어진 기계학습을 통한 추천 알고리즘 개발 대회이다. 이 대회를 통해 대표적인 추천 알고리즘인 '협업 필터링 시스템'이 발전되었다. 넷플릭스는 대회 개최를 통해 큰 홍보효과를 얻었고, 넷플릭스 영화추천 시스템 성능도 향상되었다. 즉, 넷플릭스 추천시스템을 가능하게 한 것은 넷플릭스가 보유하고 있는 엄청난 시청자 데이터 덕분이기도 하지만, 과감한 '오픈 이노베이션'을 시도한 혁신적 발상이 기반이 되었다.[3]

3 심재석(2016.3.24), Shalomeir(2014.11.19) 참고

넷플릭스 AI 추천 시스템의 발전 단계

- **시네매치**(Cinematch) (2000년)
넷플릭스는 초기에는 시네매치라는 추천 알고리즘을 사용했다. 시네매치는 사용자가 이전에 시청한 콘텐츠와 비슷한 취향을 가진 다른 사용자들이 시청한 콘텐츠를 추천하는 방식으로 작동했다.

- **넷플릭스 프라이즈**(Netflix Prize) (2006-2009년)
넷플릭스는 2006년에 넷플릭스 프라이즈라는 대회를 개최하여 수백만 달러의 상금을 걸고 최고의 추천 알고리즘을 개발하는 대회를 열었다. 이 대회는 세계 각지의 데이터 과학자와 엔지니어들이 참여하면서 혁신적인 추천 알고리즘이 발전하게 된 계기가 되었다.

- **개인화와 기계학습**(머신러닝) (2010년대 초반)
넷플릭스 프라이즈 이후, 넷플릭스는 머신러닝과 딥러닝과 같은 첨단 기술을 도입하여 개인화된 추천을 더욱 향상시켰다. 사용자의 시청 기록, 평가, 검색 기록, 그리고 다양한 행동 데이터를 활용하여 개인화된 추천을 생성하는 데 집중했다.

- **참여**(Engagement) **예측** (2016년 이후)
넷플릭스는 사용자가 콘텐츠를 선택하고 시청하는 패턴을 더 정확하게 예측하기 위해 머신러닝과 통계학을 접목한 복합적인 모델을 도입했다. 이를 통해 사용자가 언제 어떤 콘텐츠를 시청할지를 예측하여 개인화된 홈 화면을 조성하는 데 기여했다.

- **실시간 업데이트** (2022년-)
현재 넷플릭스는 실시간으로 사용자의 행동 데이터를 분석하고 즉각적으로 추천을 업데이트하는 시스템을 운영하고 있다. 사용자가 콘텐츠를 시청하거나 평가할 때마다 추천 시스템이 변화하여 더 나은 추천을 제공하고자 노력하고 있다.

추천시스템을 통한 수용자들의 만족감(시청시간의 증대로 이어지는)과 정확한 매칭을 위해 넷플릭스에서는 AI 추천 시스템을 개선하기 위한 연구와 투자가 계속되고 있다. 기계 학습을 활용하여 넷플릭스는 가입자들의 개별 시청 습관을 이해하고 사용자가 다음에 무엇을 즐길지 예측할 수 있으며, 이 AI 기술을 통해 추천 엔진은 사용자 경험을 현저히 향상시켜 시청자를 계속해서 넷플릭스를 시청하게 한다.

최근 들어 넷플릭스가 사용하는 또 다른 AI 기술은 자연어 처리(NLP)이다. NLP는 컴퓨터가 기록된 텍스트 및 말로 표현된 단어를 이해하고 해석할 수 있도록 하는 기술이다. 넷플릭스는 NLP 알고리즘을 사용하여 사용자 리뷰, 코멘트 및 피드백을 분석하여 시청자의 감정과 선호도에 대한 통찰력을 얻고 있다. NLP를 사용함으로써 넷플릭스는 리뷰와 같은 사용자 생성 콘텐츠에서 가치 있는 정보를 추출하여 콘텐츠 선택과 추천 알고리즘을 개선하고 있다.

취향 집단의 세분화

문화 콘텐츠 취향은 인구통계학적 변수에 의해 결정되리라고 생각하는 것이 일반적이었다. 부르디에(Bourdieu)의 취향 계급론에서는 취향이 계급적 '아비투스(habitus)'에 의해 결정되는 것이라고 주장했다(Bourdieu, 1984). 이후 문화적 취향 논의는 단순히 계급에 의해 상동적으로 결정되기보다는 다양한 요인에 의한 결정되는 '잡식성 취향(Omnivore taste)' 논의도 나타났다(Peterson & Kern, 1996).

넷플릭스도 2016년 이전까지는 콘텐츠 취향을 국가적 차별성에 따라 분류하고, 국적과 거주지역에 따른 추천을 했다. 그러나, 넷플릭스의 연구 결과, 거주지역, 성별, 연령 및 기타 전통적인 인구통계 데이터는 시청자의 선호 콘텐츠와 큰 관계가 없다는 것이 나타났다. 따라서 넷플릭스는 2016년 이후 지리적 위치가 아닌 취향 그룹에 따른 추천시스템을 이용하고 있다(Rodriquez, 2017.3.22).

2019년 기준으로 넷플릭스에는 2,000개가 넘은 취향 그룹이 있다. 수만 개의 마이크로 장르로 분류된 이후, 콘텐츠의 마이크로 장르 태그와 사용자의 시청 히스토리, 습관 및 행동데이터를 결합하고 기계학습을 적용해 동일한 취향을 가졌다고 간주하는 '취향 그룹'을 만드는 것이다. 각 고객의 취향 그룹 정보는 개인 홈페이지 상단에 나타나는 추천 콘텐츠와 그 아래에 위치한 행에서 보이는 콘텐츠의 장르, 또는 각 행에 속해 있는 영화들의 배치 순서에 영향을 준다(Plummer, 2017.8.22).

취향그룹은 정적인 구조가 아니라 매순간마다 변한다. "당신의 넷플릭스는 나의 넷플릭스가 아니다. 왜냐하면 우리는 복잡한 존재이며, 시간에 따라 기분도 바뀌기 때문이다"라고 넷플릭스 오리지널 책임자 올리비아 드 카를로는 말했다(Adalian, 2018.6.11).

즉 넷플릭스 홈페이지 상의 '넷플릭스 인기 콘텐츠' 행에서 보이는 영화는 보편적으로 인기 있는 것이 아니라 이 계정의 사용자와 비슷한 시청 히스토리를 가진 사람들에게 인기 있는 영화를 보여준 것이다. 사실 넷플릭스의 고객 홈페이지에 보이는 모든 것, 예를 들면 행에 있는 제목, 영화 타이틀의 배치 순서 등은 추천에 의해 이루어진다.

넷플릭스 알트 장르와 태깅

넷플릭스 추천 시스템의 기반이 되는 것이 넷플릭스 알트 장르(Alternative Genre)(미시 장르) 시스템이다. 각 콘텐츠의 특성을 여러 개의 태그를 이용해 표시한 뒤 이러한 태그들을 묶어 자체적인 대안 장르를 구성하는 방식으로, 드라마, 서부극 등 기존 장르 구분에 비해 더 세밀한 하위·마이크로 장르를 구성할 수 있게 한다. 더 이상 쪼갤 수 없을 정도까지 상세하게 쪼갠다하여 넷플릭스 퀀텀 이론(quantum theory)이라고도 불리운다. 알트 장르의 사례는 '실화에 기초한 왕족 관련 시대물', '1980년대 외국 사탄 스릴러', '비평가들에게 호평받은 감동적 패배자 영화' 등 매우 상세하다(Madrigal, 2014.1.2).

넷플릭스의 알트 장르 시스템에서 가장 많이 언급되는 다니엘 스미스-로우지(Daniel Smith-Rowsey, 2016)의 글에서는 넷플릭스의 장르를 19개 주요 장르 카테고리와 400개의 하위 장르로 나눠서 소개하고 있다. 이러한 세부 장르 리스트에 이어 더 놀라운 것은 알렉시스 마드리갈(Alexis C. Madrigal)이 2014년 1월 〈애틀란타〉지에서 밝힌 7만 6,897개의 미시 장르 분류이다. 마드리갈은 이러한 마이크로 장르를 가능하게 한 것이 태거들에 의한 노동집약적 태깅 작업의 결과라고 설명한다.

> "영화를 감상하는 데 특별히 훈련된 많은 사람들을 활용하여 넷플릭스는 할리우드를 해체했다. 사람들에게 돈을 주고 영화를 보게 한 뒤 온갖 종류의 메타데이터를 이용하여 태그를 만들도록 했다. 이 과정은 매우 정교하고 정밀하여 태그를 붙이는 사람들은 성적인 콘텐츠, 유혈 정도, 로맨스 수위, 그리고 심지어 플롯 완결성 같은 서술적 요소에 대해 영화를 평가하는 방법을 설명하는 36페이지의 훈련 지침을 받는다. 그들은 수십 개의 다른 영화 특성들을 알아낸다. 심지어 캐릭터의 도덕성까지 평가한다(Madrigal, 2014. 1. 2).

게다가 최근에는 넷플릭스는 '넷플릭스 ID 바이블(the Netflix ID Bible)을 발표하고 넷플릭스의 모든 콘텐츠에 카테고리 코드를 부여했다. 2022년

3,906개의 넷플릭스 코드 넘버가 부여되고, 그 숫자는 계속해서 늘어가고 있다(Moore, 2022.2.16).

태깅 & 태거

흥미로운 점은 바로 이런 고도화된 AI 알고리즘 작업의 기초가 되는 넷플릭스 콘텐츠 분류작업 태깅은 컴퓨터뿐 아니라 직접 사람이 한다는 점이다. 넷플릭스 내부에서는 태그를 '사람 기반 데이터'라고 부른다. 태그를 추천시스템 알고리즘을 구축하는 기반 데이터로 사용하기 때문이다. 이 알고리즘을 통해 넷플릭스는 콘텐츠를 5만 종으로 나눠 정리한다. 이렇게 5만 종으로 나눈 콘텐츠를 개별 이용자의 넷플릭스 이용 이력에 따라 맞춤형으로 추천한다(2019년도 자료)(이민아, 2019.5.12).[4]

새로운 콘텐츠의 태그(tag: 꼬리표)를 다는 사람이란 뜻의 태거는 실제로 넷플릭스에 존재하는 직업이다. 넷플릭스는 얼마나 많은 태거가 일하고 있는지를 구체적으로 밝히지는 않는다. 2019년도 실제 태거로 일한 사람과의 인터뷰 자료에 의하면, 2017년 말 기준 넷플릭스에 근무하는 태거가 30명이었고, 그 가운데 3명은 한국인이었다.

현재 넷플릭스 홈페이지의 '구직'란에서 'tagger'를 검색하면 나오는 것이 바로 '편집 독창력이 있는 콘텐츠 분석가(Editorial Insights Content Analyst)'[5] 이다. 실제로 넷플릭스 태거는 콘텐츠를 일일이 보면서 카테고리

4 2018년 3월 미국의 경영 월간지 〈Fast Company〉에서 넷플릭스 태거로 일하고 있는 세리 굴마하마드(Sherrie Gulmahamad)를 인터뷰했다. 태거라는 직업을 구체적으로 이해할 수 있는 재미있는 인터뷰이다.

5 https://jobs.netflix.com/jobs/295471959 참고

태그와 메타데이터를 생성한다. 넷플릭스의 태깅 작업은 몇 개의 주요 장르로 분류하던 기존 영상 콘텐츠 분류 시스템과는 질적으로 다른 작업이다. 콘텐츠를 감상하고, 분석한 뒤에 장르, 주제, 분위기, 스토리라인 등 콘텐츠를 제작할 때 의도했던 주요 특성을 추출해내는 매우 복잡하고 정교한 작업이다. 넷플릭스는 주관적인 태그를 메타데이터에 포함시켜 콘텐츠를 생생하게 표현한다 이 메타데이터는 콘텐츠 분류, 탐색 혹은 추천에 직접 활용된다. 비디오 콘텐츠 추천에서 넷플릭스가 다른 경쟁사보다 훨씬 우월한 이유 중 하나다(이호수, 2020, p.206).

그야말로 콘텐츠가 갖고 있는 영혼과 뉘앙스를 잡아내는 매우 주관적인 작업이면서, 고된 노동집약적 작업이다. AI 기술의 이면에 있는 인간의 노동이다. 그리고 넷플릭스는 이 태거들을 드라마와 영화에 대한 열정을 가진 전문가라고 부르고 있다.

AI 활용 태깅 & 큐레이션 작업

넷플릭스는 AI 기반 콘텐츠 태깅을 사용하여 콘텐츠를 효율적으로 분류 및 정리하고 사용자에게 자신의 관심에 맞는 구체적인 카테고리를 제공하기도 한다. 또한 AI를 사용하여 드라마 또는 영화의 잠재적인 성공을 예측하고 출연진, 감독 및 스토리 라인과 같은 데이터 포인트를 분석하여 콘텐츠 제작 또는 확보에 대한 통찰력을 얻기도 한다.

최근 들어 넷플릭스는 시각 콘텐츠를 분석하고 해석하는 AI 기술인 컴퓨터 비전을 활용하기도 한다. 컴퓨터 비전은 시각적 특성을 기반으로 콘텐츠를 자동으로 태그하고 분류하는 기술로 스트리밍 경험을 향상시키는 데 중요한 역할을 한다. 이를 통해 넷플릭스는 사용자의 시각적 취향을 기반으로 더 구체적인 추천을 제공할 수 있다(Perkowski, 2023.10.21).

결국 넷플릭스의 추천 시스템은 'AI와 인간의 협업'으로 탄생했다고 볼 수 있다. 넷플릭스는 인간 전문가와 기계학습을 포함한 AI와의 협업으로 실제 현업에서 필요한 추천 알고리즘을 발전시켰다. 이 태깅 작업은 상당한 경험을 필요로 하기 때문에 기계보다는 인지력이 뛰어난 사람이 훨씬 잘하고 정확하게 할 수 있다. 사람의 손으로 직접 해야 하는 노동집약적 작업인 것이다. 이 태깅 과정 후의 후속 작업은 기계에게 맡길 수 있다.

이와 같이 AI의 변별력과 정확성을 높이기 위해서는 힘든 노동집약적 전처리 과정인 사람의 자연지능 적용이 선행되어야 한다. 전문가가 해야 할 업무와 AI가 잘 할 수 있는 업무를 잘 나누는 능력이 기업의 경쟁력이다. 넷플릭스의 뛰어난 점은 이를 아주 잘 수행하고 있다는 것이다(이호수, 2020, pp.216-7).

데이터화된 취향의 문제점

그렇다면 이런 넷플릭스 추천 시스템은 과연 수용자들의 개인화된 취향과 선택의 자유를 확대하는 긍정적 측면만 있는 것일까. 이에 대한 비판적 시각도 존재한다. 네타 알렉산더(Neta Alexander, 2021)는 넷플릭스 알트장르와 추천 시스템이 일종의 필터 버블로 작동할 수 있다고 주장한다. 넷플릭스는 개인화된 취향을 존중하는 일종의 '온디맨드(on-demand) 유토피아'를 내세우지만, 실제로는 필터 버블에 갇히게 되고, 자신의 개인적 데이터를 넷플릭스가 불투명하게 사용하는 문제도 있다는 것이다.

다시 말해 기계화된 '취향의 대수 방정식', 예측 개인화가 발전하는 것은 AI 활용분야에서는 좋은 소식이 되겠지만, 수잔 손탁이 말하는 '위대한 영화'를 만나기 원하는 사람들에게는 나쁜 소식이다(Alexander, 2016, p.16). 우리는 끊임없이 선택을 하도록 초대받는다. 그러나 실제로 모든 것을 볼 수 있는 구독형 모델에서 추천 시스템의 근본적 목적은 시청자들의 편의보다는 시청시간을 최대화하려는 상업적 목적에 의한 것이다. 또한 장기적으로 알고리즘 추천은 '문화의 데이터화(datafication of culture)', 필터 버블과 빅데이터 정치 관련 논쟁을 불러일으킬 수도 있다.

매타이어스 프레이(Mattias Frey, 2021)는 넷플릭스의 추천 시스템에 관해서는 2개의 서로 다른 내러티브가 존재한다고 말한다. 첫째는 수용자의 유례없는 접근과 선택을 강조한다. 두 번째는 계속 협소화되는 취향을 만들어내는 기술과 수익 모티브를 강조한다. 두 개의 스토리 모두 대단히 효율적이고, 강력하고, 역사적으로 유례없는 도구의 등장을 당연한 것으로 상정한다

그러나, 실제 사용자들의 행위와 선택에 추천시스템이 그렇게 효율적이고, 정확한 것일까? '당신의 취향에 꼭 맞는', '99% 일치하는' 등의 추천을 받았지만, 정작 넷플릭스 추천작이 자신의 '취향'과는 거리가 멀다는 수용자들의 반응도 많다.

넷플릭스 탈장르화 속의 K-드라마

넷플릭스의 알트 장르 시스템은 구독형 VOD 시스템의 도입(포스트 TVIII 시대)과 더불어 '탈장르화(de-genrification)' 현상을 가속화시켰다. 넷플릭스로 가속화된 장르 교란, 장르 혼합, 장르 재배치(genre reconfiguration) 상황 속에서 기존의 '장르' 개념과 장르 분석 방법에 대한 여러 논란이 제기되

고 있다(Creeber, 2015; Jenner, 2015).

실제로 많은 장르 연구자들은 미래에 '장르'라는 것은 과연 무엇을 의미할 것인가에 대해 고민하고 있다. 그러나 장르 개념 자체가 어떤 고정된 실체가 있는 것은 아니었다. 장르란 '텍스트', '산업', '수용자' 사이의 끊임없이 순환하는 기대 지평이고, 이는 사회적, 역사적 변화를 흡수하면서 텍스트적 유동성을 갖는다. 제이슨 미텔(Jason Mittell, 2004)이 주장했듯이 장르는 텍스트의 한계를 뛰어넘으며, 장르 분석은 '텍스트 외적(extra-textual)' 요소인 산업, 수용자, 역사 등을 포함해야 할 필요가 있다.

그리고, 넷플릭스에서 말하는 미시 장르(알트 장르)가 과연 장르라고 부를 수 있는 것인가라는 질문도 제기된다. 제너(Jenner, 2015)는 넷플릭스의 미시 장르를 '장르'라고 부르기보다는, 일종의 '검색어(search terms)'라고 하는 것이 더 정확할 것이라고 말한다. 그리고 지나치게 주관적이고 개인화된 'I(나의)' 장르라는 것이 장르가 원래 갖고 있는 '텍스트-산업-수용자'의 공통된 기대지평이라는 커뮤니케이션적 합의 측면을 간과한다고 말한다.

더욱이 아이러니하게도 수천 개의 장르 코드, 카테고리에도 불구하고, 여전히 우리는 기존에 알던 '장르' 개념에 기대어 프로그램을 인식한다.

K-드라마 장르 & 카테고리

넷플릭스의 파격적이고 유동적인 장르 분류 시스템 속에서 'K-드라마', 'K-오리지널'이 하나의 특별한 장르 카테고리로 부상하고 있다. 마치 텔레노벨라, 홍콩 느와르, 영국 범죄 드라마 같은 글로벌 인지도를 갖게 된 것이다. 넷플릭스 카테고리 메뉴의 첫 장면에 등장하는 'Search by genre'에 주요 장르 유형으로 'Korean Drama'가 등장하고 있다. 거기에

그림 6 넷플릭스 시리즈 장르별 검색 메뉴

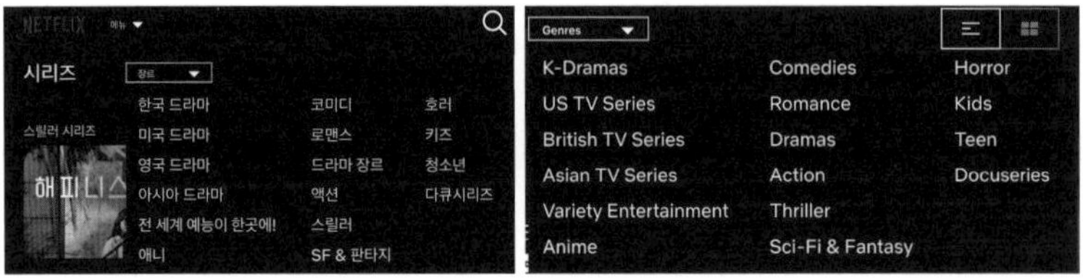

'Korean Thriller, Korean Romantic Comedy' 등 세부 장르도 소개되고 있다.

넷플릭스 오리지널 K-드라마, 한국 드라마는 넷플릭스의 미시 장르 분류와 새로운 카테고리 이름 붙이기의 결과물이다. 그런 의미에서 '넷플릭스 한국 오리지널' 혹은 'K-드라마'는 새로운 산업적 맥락(넷플릭스 콘텐츠 전략), 텍스트적 특성, 그리고 수용자의 기대가 맞물린 담론적 실천의 결과물이라고 볼 수 있다.

넷플릭스에서는 이제 모든 장르에 ID 넘버가 붙어 있다. 〈넷플릭스 ID 바이블〉이라는 말로 표현되듯이 모든 카테고리와 장르에 코드넘버가 부여되어 있다(Newman, 2022.1.27).

최근 한국 드라마에 대한 풀 가이드라인으로 K-드라마를 프로모션하고, K-드라마를 검색할 수 있는 사이트도 있다(Moore, 2023.1.24). 이 카테고리에서 한국 드라마를 세부 분류화 하는 방식을 보면, 한국 드라마의 특성들이 자연스럽게 연상된다. 구체적 내용은 다음과 같다.

표 5 넷플릭스 한국 카테고리 코드 2023

카테고리 이름	카테고리 코드
K-드라마 (K-Dramas)	2638104
초보자를 위한 K-드라마 (K-Dramas for Beginners)	2953105
영어로 더빙된 K-드라마 (K-Dramas Dubbed in English)	81594537
웹툰 원작 한국 TV 프로그램 (Korean TV Programmes Based on Webtoon)	2936382
삼각관계 K-드라마 (Love Triangle K-Dramas)	81278957
절망적인 로맨티스트를 위한 한국 드라마 (Korean TV Dramas for Hopeless Romantics)	1629855
로맨틱 한국 TV 코미디 (Romantic Korean TV Comedies)	1461331
지적인 한국 영화 (Cerebral Korean Movies)	69250
비평가들의 호평을 받은 한국 드라마 (Critically-acclaimed Korean Dramas)	74382
비평가들의 호평을 받은 한국 영화 (Critically-acclaimed Korean Movies)	27403
어두운 한국 드라마 (Dark Korean Dramas)	69520
어두운 한국 영화 (Dark Korean Movies)	25205
어두운 한국 복수 영화 (Dark Korean Revenge Movies)	76779
어두운 한국 스릴러 (Dark Korean Thrillers)	71997
감성적인 한국 드라마 (Emotional Korean Dramas)	69744
감성적인 한국 영화 (Emotional Korean Movies)	67099
감성적인 한국 드라마 (Emotional Korean TV Dramas)	76730
감성적인 한국 TV 프로그램 (Emotional Korean TV Shows)	76533
흥미진진한 한국 영화 (Exciting Korean Movies)	22750
흥미진진한 한국 TV 프로그램 (Exciting Korean TV Shows)	76591
기분 좋은 한국 영화 (Feel-good Korean Movies)	89573
엉뚱한 한국 영화 (Goofy Korean Movies)	74216
잔혹한 한국 영화 (Gory Korean Movies)	49608
잔인한 한국 범죄 영화 (Gritty Korean Crime Movies)	47750
잔인한 한국 영화 (Gritty Korean Movies)	24533
진심 어린 한국 드라마 (Heartfelt Korean Dramas)	82219
진심 어린 한국 영화 (Heartfelt Korean Movies)	76181
한국 코미디 (Korean Comedies)	6626
한국 범죄 코미디 (Korean Crime Comedies)	77361
한국 범죄 드라마 (Korean Crime Dramas)	5101
한국 범죄 영화 (Korean Crime Movies)	7210
한국 범죄 스릴러 (Korean Crime Thrillers)	434
한국 애니메이션 (Korean Animation)	1462059

카테고리 이름	카테고리 코드
한국 다큐멘터리 (Korean Documentaries)	63204
한국 드라마 (Korean Dramas)	1989
우정을 다룬 한국 드라마 (Korean TV Dramas about Friendship)	1529659
실화를 바탕으로 한 한국 드라마 (Korean Dramas based on Real Life)	88762
한국 공포 영화 (Korean Horror Movies)	6968
한국 군사 영화 (Korean Military Movies)	90307
한국 영화 (Korean Movies)	5685
한국 미스터리 (Korean Mysteries)	78665
한국 복수 영화 (Korean Revenge Movies)	19409
한국 공상과학 & 판타지 (Korean Sci-Fi & Fantasy)	859
한국 스릴러 (Korean Thrillers)	11283
한국 TV 코미디 (Korean TV Comedies)	88860
한국 TV 드라마 (Korean TV Dramas)	68699
한국 TV 쇼 (Korean TV Shows)	67879
로맨틱 한국 드라마 (Romantic Korean Dramas)	16935
로맨틱 한국 영화 (Romantic Korean Movies)	16890
로맨틱 한국 TV 드라마 (Romantic Korean TV Dramas)	73705
로맨틱 한국 TV 쇼 (Romantic Korean TV Shows)	73567
선정적인 한국 드라마 (Steamy Korean Dramas)	72998
폭력적인 한국 영화 (Violent Korean Movies)	25442
시각적으로 인상적인 한국 영화 (Visually-striking Korean Movies)	35193

제6장

빈지워칭과 일괄출시의 파격[1]

"빈징(bingeing)은 이제 하나의 향연(feasting)이 되었다." 문화인류학자 그랜트 맥크래켄(Grant McCracken)의 말이다. 점점 더 스마트해지는 TV와 시청자, 제작자, 그리고 미디어 기술 발달 덕분이다. 특별한 비용이 들지 않고 동행할 친구 없이도 그동안 보고 싶었던 TV 시리즈물을 밤을 새워 몰아보기를 하는 것이 자신을 위한 선물이나 힐링으로 여겨진다는 사람들도 많다. 물론 빈지워칭이라는 수용행태가 어느 날 갑자기 생겨난 것은 아니다. 하지만 넷플릭스의 일괄출시 모델이 '빈지워칭' 붐을 일으킨 중요한 계기가 된 것 또한 사실이다. 이 장에서는 빈지워칭의 정의, 빈지워칭과 일괄출시 모델이 넷플릭스의 혁신적 비즈니스 전

1 '빈지워칭'을 순수한 한국어인 '몰아보기'로 부르자는 의견도 있다. 그러나 '빈지워칭'이라는 용어 자체가 넷플릭스에서 전략적으로 프로모션하는 용어이기도 하고, '빈지하다(bingeing)', '빈지해서 볼 만한(binge-watchable)'이라는 단어가 갖고 있는 특별한 의미가 있어서 이 책에서는 '빈지워칭'이라는 용어를 사용한다.

략과 어떻게 연결되는지, 일종의 전복적 행위이자, 연회, 그리고 자기치유의 수단으로 여겨지는 빈지워칭의 사회문화적 의미, 그리고 빈지워칭 환경 속에서의 OTT 드라마 스토리텔링 변화를 논의한다.

빈지워칭의 기폭제, 넷플릭스 일괄출시

빈지워칭은 몰아보기, 마라톤 시청, 폭식 시청 등 다양한 용어로 표현된다. 빈지워칭은 문자 그대로 'binge(흥청망청)'라는 단어가 주는 부정적 뉘앙스가 있기는 하지만, 실제로 젊은 층이나 일반인들사이에서 빈지워칭은 그리 부정적으로 받아들여지지는 않는다. 최근 빈지워칭이 전 세계적 시청문화 현상으로 확장되어감에 따라, 영상 콘텐츠 소비의 새로운 트렌드로 자리매김했다. 2023년도 넷플릭스 자료에 의하면, 70%의 넷플릭스 사용자들이 빈지워칭을 하고 있는 것으로 나타났다(Vojinovic, 2023.5.5). 한국에서도 넷플릭스 드라마의 경우, 빈지워칭 시청행태가 실증적으로 검증되고 있다(최재영 등, 2023).

그러나 정작 빈지워칭에 대해 합의된 명확한 정의는 내려지지 않고 있다. 어떤 경우는 하루 2-3편을 이어보는 시청행위를 의미하기도하고, 어떤 경우는 꼬박 밤을 새워 전체 에피스드를 몰아보는 '빈지레이스(Binge Race)'처럼 일종의 마라톤 완결성을 강조하기도 한다. 이런 가운데 빈지워칭은 "동일한 프로그램의 에피소드를 한 번에 2편 이상 쉬지 않고 지속적으로 보는 것"이라는 정의가 일반적으로 사용된다(이성준, 2018; David, 2016).

그러나 빈지워칭은 시청한 에피소드의 숫자나 시청시간으로만 정의되는 것이 아니다. 호렉, 제너, 켄달(Horeck, Jenner, & Kendall, 2018)의 주장처럼 한 번에 몇 편을 몰아보느냐가 문제가 아니라, 시청자가 방송 스케줄이 아니라 자기 스스로 언제, 무엇을, 얼마나 볼 것인지를 정해서 보는 '자율적 시청'이라는 점이 빈지워칭의 핵심 요소이다. 또한 빈지워칭은 영화나 다른 시리즈물과는 다른 소위 말하는 OTT의 '연속 시리얼 드라마'와 연관된 시청일 때 적용되는 개념이다(Horeck, Jenner, & Kendall, 2018).

넷플릭스가 사업 전략상 빈지워칭을 강조하는 이유는 빈지워칭이 바로 기존의 TV 플로우(flow)나 TV 스케줄과 대비되는 새로운 형태의 '넷플릭스 스케줄'이라는 점이다. 이미 많은 케이블TV와 인터넷TV가 셀프 스케줄 시청을 가능하게 했지만, 여전히 주별 단위로 에피소드를 개봉하는 텔레비전의 기존 스케줄과 유사하다.

반면, 넷플릭스는 모든 에피소드를 한꺼번에 공개하는 일괄출시 모델(binge-model이라고도 불림)이라는 파격적인 출판 모델(publication model)을 내놓은 것이다. 이것은 넷플릭스가 스스로 자신의 콘텐츠를 '어떻게' 시청할 것인지를 암시하는 중요한 결정이다(Perks, 2015). 홈페이지로 돌아가서 다음 볼 에피소드를 결정할 필요도 없이 포스트-플레이 기능으로 곧바로 다음 에피소드로 가도록 만든 것이다. 또한 오프닝 건너뛰기 기능은 한 시리즈를 시청하면서 중단되지 않는 내러티브 흐름을 갖게 한다. 'TV 플로우(TV flow)' 개념이 텔레비전이라는 매체의 본질을 나타내는 주요한 특성이라면, 넷플릭스는 빈지워칭 모델을 통해 넷플릭스만의 '절연된 플로우(insulated flow)'라는 특성을 강조하고 있는 것이다(Horeck, Jenner & Kendall, 2018).

이와 같이 빈지워칭이 넷플릭스의 파격적 일괄출시 모델과 연관되어 있지만, 미디어의 역사적 발전 속에서 빈지워칭, 즉 몰아보기는 최근에 급

부상한 새로운 시청문화는 아니다. 디지털 미디어 기술의 발달은 늘 수용자의 자유와 자율성을 확대하는 쪽으로 발전해왔다. 빈지워칭(몰아보기)은 수용자에게 스케줄링에 대한 지배권을 부여한 이전의 다양한 보조 기술(ancillary technology)들의 역사적 발전 속에서 생겨났다. 즉 자율적 시청은 이미 VCRs, DVD 플레이어, DVRS 등의 기기로 가능해졌다. 몰아보기 현상은 1990년대 TV 시리즈 완결 DVD가 등장하면서부터 나타난 것으로 추정된다(정금희 · 최윤정, 2019).

DVD 세트 출시로 인해 영화시리즈에 대한 광팬들이 생겨났고, 팬덤문화가 형성되었으며, 이 과정에서 몰아보기가 성행하게 된 것이다. 이 때 형성된 장시간 시청 습관이 미디어 환경변화에 따라 온라인으로 이주한 것일 뿐 새로운 습관의 출현은 아니라는 것이다(Kuperinsky, 2014.5.25). 그 후 1990년대 중후반 이후 방송사들이 다시보기를 제공하는 VOD 서비스를 시작하고, 2000년대 후반 IPTV 서비스가 시작되어 특정요금으로 방송 프로그램 및 영화를 원하는 시간에 시청할 수 있는 VOD 서비스가 본격화되었다.

2010년대에는 초고속 무선 인터넷과 스마트 모바일 기기의 대중보급으로 인해 원하는 장소에서 원하는 기기로 콘텐츠를 소비할 수 있는 OTT 서비스가 등장했다. 몰아보기는 수백 개의 케이블 채널 사이에서 방황하던 '채널간 이동 시청자(channel surfer)'에서 VOD나 개인용 디지털 저장 장치 DVR을 이용한 빈지뷰어로의 전환을 야기했다(한순상 · 유홍식 · 신동희, 2017).

이렇게 VOD 서비스 이후 서서히 형성되기 시작한 몰아보기 시청행태에 새로운 기폭제가 된 것이 바로 넷플릭스의 일괄출시 모델이다. 넷플릭스는 2013년 2월 1일 오리지널 드라마 〈하우스오브 카드〉(시즌 1) 전편을 한꺼번에 공개하는 '일괄 출시모델'을 선보였다. 매우 획기적이고 파격적인 결정이었다. 당시 넷플릭스가 정상적인 영상 콘텐츠 비즈니스 모델의 교란자라는 비난도 들었다. 그러나 시청자들에게는 반가운 파격이었다. 이후 빈지워칭이 OTT 시청의 새로운 트렌드로 자리잡았다.

여기에 넷플릭스는 빈지워칭에 이전의 '몰아보기'에는 없는 새로운 문화적 의미를 부여했다. 일상적 시간 리듬을 파괴하는 8~12시간짜리 영화를 보는 듯한 몰입 시청에 일종의 전복적 의미를 부여한 것이다. 빈지워칭은 스스로 '폐인'임을 자처하는 드라마 팬덤처럼, 스스로 선택한 '지나친' 몰입 경험에 특별한 즐거움을 제공하기도 했다.

'빈지워칭(binge-watching)'이란 단어는 2013년 옥스퍼드 사전에서 셀피 다음으로 가장 널리 사용된 신조어로 랭크되었다. 콜린스 사전은 이 단어를 2015년 '올해의 단어'로 선정했다. 같은 해 딜로이트(Deloitee) 조사에 따르면, 시청자의 2/3가 몰아보기를 하는 것으로 나타났다. 오바마 전 대통령은 확실히 그들 중 한 명이며 힐러리 클린턴 역시 마찬가지다. 폭주하는 시청자들, 빈지한다는 것은 그래도 '전복적'이어서 멋있다. 넷플릭스는 그 '멋짐'을 재빨리 자본화하였다(Steiner, 2019).

일괄출시 모델에서 분절 출시로

최근 들어 넷플릭스로 인해 촉발되어, OTT 서비스 전체의 표준이 된 일괄출시 모델에도 변화가 오고 있다. 2019년 11월 이후 출시된 애플 TV 플러스와 디즈니 플러스 등은 시리즈 전편 일괄공개를 하지 않고 있다. 이는 오리지널 콘텐츠의 부족과 코로나 팬데믹으로 어려워진 제작 환경 탓이라는 설명도 있다. 2022년 들어 훌루가 코미디 오리지널 서비스를 하이브리드 모델로 제공하기 시작했다. (시리즈 처음 3회까지는 한 번에 제공하지만, 다음 회부터는 매주 한 편 제공하는 식이다.) 아마존도 훌루의 하이브리드 모델을 따라갔다.

최근 들어 넷플릭스도 몰아보기를 분절식 출시로 바꾸고 있다. 넷플릭스는 〈더 글로리〉의 시즌 1 16편을 2개의 파트로 나눠서 공개했다. 넷플릭스에서는 "구독 회원들이 콘텐츠를 보다 흥미롭게 즐길 수 있도록 다양한 방법을 모색하고 있으며 이를 위해 작품의 창작자들과 논의하고 있다. 창작의도에 따라 전편을 동시 공개하거나 매주 공개, 파트 공개 방식을 시도하고 있다"며 "넷플릭스와 창작자의 새로운 시도를 통해 더 많은 팬들이 파트2 공개 시점에 〈더 글로리〉를 더 활발하게 즐겨주시기를 기대한다"고 입장을 밝히기도 했다.

콘텐츠 분할 공개에 대해서는 수용자들과 전문가들 사이에서 그 평가가 엇갈리고 있다, 비즈니스 전략상 콘텐츠 분할 공개를 통해 서로 다른 콘텐츠 간 공백이 생기는 기간을 최소화하면서 '락인 효과(Lock-in Effect, 혹은 잠김 효과)'를 유도한다는 점에서 긍정적이다. 〈더 글로리〉의 경우, 분절식 공개가 비교적 성공적이었다는 평가이다. 〈파트1〉 이후 입소문을 타면서, 〈파트2〉 공개가 빅이벤트화되면서 성공적인 〈파트2〉 유입에 성공했다(남수현, 2023.3.12).

그러나 파트를 나눔으로써 오히려 주목도와 몰입도가 떨어지는 경우도 있다. 또한 작품의 완성도에 대한 불만도 제기된다. 넷플릭스 오리지널 〈종이의 집: 공동경제구역〉이 대표적이다. 스페인 원작 드라마 〈종이의 집〉을 한국판으로 리메이크한 이 작품은 지난해 6월과 12월로 나뉘어 공개됐다. 파트1은 원작의 스토리를 따라가는 내용이 대부분이었고 파트2에서 한국판 만의 독창성 있는 전개가 펼쳐졌지만, 이미 파트1에서 흥미를 잃은 시청자들은 파트2를 기다려주지 않았다. 파트를 나눈 공개 전략이 패착이었다는 평가가 나오는 이유다(오수미, 2023.2.3).

빈지워칭 관련 연구

‘빈지워칭’이라는 용어가 새로운 유행을 타게 되면서, 국내외 연구들도 많이 등장한다(박미영, 2022; 정금희 · 최윤정, 2019; Castro, Rigby, Cabral & Nisi, 2021; Jenner, 2021). 대체로 이용과 충족 연구 측면에서의 몰아보기의 동기 및 요인, 만족감에 관한 연구가 다수 행해졌다. 몰아보기의 긍정적 측면에서는 즐거움, 스트레스 해소, 프로그램 화제성, 본방사수의 어려움 등을 들고 있다. 몰아보기가 갖는 부정적 측면인 중독, 과잉, 통제력 부족과 개인의 외로움과 사회적 고립을 증가시킨다는 연구결과들도 있다(이성준, 2018).

이 외에도 빈지워칭 행위의 능동성, 중독성 등에 관한 연구도 다수 있다. 먼저 빈지워칭을 수용자들의 능동적 선택으로 보는 긍정적 시각이다. OTT 서비스는 선택지의 폭을 넓히며, 다양한 디바이스를 통해 이용이 가능하기 때문에 수용자의 능동적 시청 환경을 조성한다(김혜수 · 이보미 · 김성태, 2022). 또한 인터넷과 스트리밍 문화에 익숙한 젊은 세대들에게 빈지워칭은 기존의 시청 관습에서 벗어나 스스로 시청 일정을 설계하는 능동적 행위로 의미가 있다(Jenner, 2020; Spangler, 2013.12.13). 정금희 · 최윤정(2019)은 몰아보기를 새로운 미디어 환경 속에서 보다 능동적인 선택과 통제가 요구되는 수용행태로 보고, 이를 ‘계획된 행동이론(TPB)’을 통해 연구했다.

반면, 빈지워칭의 중독성과 이에 따른 부정적 효과에 주목한 연구들도 있다. 특히 과도한 빈지워칭은 수면의 질을 저하시키고 불면증을 유발할 수 있을 뿐만 아니라(Exelmans, & Van den Bulck, 2017), 스트레스, 외로움, 우울증, 불안 등을 유발할 수 있다는 연구 결과도 있다(Raza et. al., 2021).

흥미로운 점은 빈지워칭에 관한 수용자들의 현실적이고 직접적 반응이다. 필자가 지난 학기 학부 학생들에게 빈지워칭에 대한 자기 경험을 써보라는 과제를 내 준 적이 있었다. 대다수 학생들이 빈지워칭을 해본 경험이 있다고 말했는데, 앞서 논의된 것처럼 각자가 인식하고 있는 '빈지워칭'의 정의는 조금씩 달랐다. 그리고, 빈지워칭의 가장 부정적 측면은 건강을 해치는 수면 부족과 과제 미루기 등이었다.

빈지워칭에 대한 긍정적 답변 중에서 가장 많이 등장한 것은 바로 "끝까지 한 번에 봐서 결말에 대한 궁금증이 없어 좋다"는 것이다. 아무리 재미있다고 소문 난 프로그램도 전편이 다 공개되기 전까지는 절대로 보지 않는다는 학생들도 많았다. 드라마 시청을 '완결'했을 때 느끼는 충족감이 매우 중요하다는 것이다. '마라톤식 시청의 완결감'은 빈지워칭 관련 연구에서도 자주 등장하는 개념이다. 당장 자신의 앞 날부터, 세상 모든 일이 불확실한데 드라마의 결말까지 잘 모르면 아주 답답하다는 것이다.

향연과 치유로서의 빈지워칭

향연으로서의 빈지워칭

문화 인류학자 그랜트 맥크래켄은 빈지워칭이 하나의 향연(성대한 만찬)과 같은 문화적 현상이 되었다고 말한다. 그 배경으로 현저히 높아진 TV의 품질, 경제적 상황의 변화, 수년간 지속된 디지털 미디어의 폭발적인 발전을 꼽았다(2021.1.18). 실제로 '거대한 황무지(vast wasteland)'로 불리던 TV는 이전보다 훨씬 똑똑해지고, 흥미로운 내용으로 넘친다. 수용자의 선택 폭은 한없이 넓어졌다. 넷플릭스로 인해 빈지워칭하는 경험은 마치 잘 차려진 뷔페에서 먹고 싶은 것을 마음껏 골라서 먹을 수 있는 만찬같이 되었다.

그림 7 빈지워칭

'넷플릭스 & 칠(Netflix & Chill)'이라는 신조어는 21세기 새로운 인류학적 의미를 갖는다. 이는 빈지워칭이 만들어 낸 새로운 젊은 층의 라이프스타일이다. 즉, 넷플릭스 빈지워칭이 젊은 층에게 새로운 시청문화이자 레저행위, 그리고 새로운 라이프스타일을 의미하기도 한다.

스나이더(Snider, 2016)는 넷플릭스와 같은 스트리밍 플랫폼은 수용자들의 시청경험의 본질을 바꾸고 있다고 말한다. 오늘날의 시청자들은 그들이 무엇을 보고, 언제 보고, 그리고 어떻게 보는지를 지배할 수 있다. 모바일 플랫폼과 저렴해진 가격대는 태블릿과 스마트폰과 같은 기기로 인해 급속하게 시장에 침투한다. 소비자들은 시간을 변경할 수 있을 뿐 아니라 거실이나 컴퓨터 화면에 더 이상 얽매이지 않아도 된다. 이것은 생산자와 유통업자들이 직면하고 있는 새로운 현실을 나타내고, 엔터테인먼트 산업이 뚫고 나아가야만 하는 도전이다.

넷플릭스에서 수용자는 온디맨드와 개인화된 기능을 통해 시청 스케줄에 대한 통제권을 가진다. 그것은 일종의 해방적 경험이 된다. 다시 말해, 넷플릭스의 몰아보기는 수용자들의 시간을 재설정한다. TV 프로그램에 대한 마라톤식 소비는 제작자가 수용자들의 수사적 인식에 대해 더 잘 알게할 뿐 아니라, 스트리밍 플랫폼에서의 프로그래밍이 확대됨에 따라 자연스러운 텔레비전 경험으로 진화하고 있다(Snider, 2016).

흥미로운 점은, OTT 빈지워칭과 같은 새로운 시청문화 경험이 우리가 이전에 가졌던 올드미디어의 몰입경험과의 유사성 속에서 논의된다는 점이다. 몰아보기의 깊은 몰입성은 독서 행위와 유사하다는 논의도 있다. 형식 면에서는 자신의 속도에 따른 시청, 자세히 보기, 앞 뒤 이동으로 독서 행위의 자율적 참여와 유사하다는 해석이다(Jenner, 2016). 내용면에서는 몰아보기가 소설 읽기와 유사하며, 문학 팬의 열정과 같은 집중적 시청이라는 설명도 있다.

치유로서의 빈지워칭 : 자기 돌봄

"관람은 생존이다(Spectatorship is 'survivorship')"라는 글에서 네타 알렉산더(Neta Alexander, 2021)는 빈지워칭이 코로나 팬더믹 시기에 일종의 자기 돌봄(self-care)의 수단이 되었다고 주장한다. 물론 '넷플릭스 힐링(Netflix and Heal)' 현상은 이전부터 있어왔지만, 팬더믹으로 인한 고립과 불확실성 속에서 빈지워칭은 우울함에 대한 일종의 해독제가 되었다는 것이다. 펜실베니아 대학교의 경영 심리학 교수인 아담 그랜트(Adam Grant) 역시 팬데믹으로 인한 무기력증에 대한 해결책으로 빈지워칭을 한다고 설명한다. 늦은 밤 넷플릭스를 몰아보는 것은 때때로 우리가 현실을 잊고, 자신이 애착을 느끼는 이야기 속으로 빠져드는 이동수단이라는 것이다. 물론 이렇게 빈지워칭 플로우에 빠져들어 스크린에 지나치게 집착하는 청소년에 대한 우려도 언급한다.

코로나 팬데믹으로 예측불가능하고, 외부와 봉쇄된 상황에서 넷플릭스 이용자들은 익숙하고 예측가능한 서사와 주제가의 반복을 통해 불안감에서 벗어날 수 있었다. 물론 몰아보기가 현실 회피라는 부정적 측면을 갖고 있기도 하지만, 다른 한편으로는 불안을 관리하기 위한 정서적(affective) 흐름을 만드는 참여적 관객의 시간성으로도 볼 수 있다(박미영, 2022).

빈지워칭형 OTT 드라마

빈지워칭은 수용문화뿐 아니라 드라마 내용과 형식에서 큰 변화를 가져왔다. 넷플릭스는 콘텐츠 전략 차원에서 빈지워칭에 적합한 오리지널 콘텐츠를 이전의 TV 드라마와는 다른 깊은 몰입이 필요한 '퀄리티 드라마'임을 강조한다. 이는 이전의 HBO 등에서 강조하던 하이엔드(high-end) 드라마의 특성인 '영화같은 비주얼', '복잡하고 치밀하게 구성된 플롯과 내러티브', '반드시 시청해야 할 이벤트' 등과 유사하다(Kozak & Zeller-Jacques, 2021; 이종수, 2012).

빈지워칭을 위해 일괄출시되는 OTT 드라마의 스토리텔링 방식은 기존 시리얼 TV 드라마와는 다를 수밖에 없다. OTT 시리즈물을 '초장편 시리얼(hyperserial)' 드라마라고 부르기도 한다. 빈지워칭으로 변화한 드라마의 서사적 특성에 관한 논의도 미디어 업계와 학계에서 많이 등장하고 있다(Jenner, 2020; 김민영, 2019; 윤복실, 2020; 박찬효, 2021).

OTT 빈지워칭형 드라마 내러티브의 특성으로 가장 중요한 특징은 바로 드라마의 장편 영화화이다. OTT 드라마는 이제 8시간짜리, 12시간짜리 장편 영화로 변화하고 있다는 것이다. 가장 많이 인용되는 것이 바로 〈하우스 오브 카드〉에 관한 케빈 스페이시의 발언이다. 그는 "13시간을 한 편의 영화처럼 본다면 그것이 정말로 영화와 다를 바 없는 것이 아닌가?"(Spacey, 2013.8.22)라면서 넷플릭스 오리지널 드라마의 영화적 수용 경험을 강조했다.

빈지워칭에 최적화된 드라마로 가장 많은 찬사를 받은 작품은 〈기묘한 이야기〉(2016년 시즌 1~2024년 시즌 5 공개 예정)일 것이다. 〈기묘한 이야기〉 시즌 1이 출시되었을 때, '놀랄 만한 효율적인 이야기'와 '한 순간에 지나가는 여덟 시간'이라는 호평이 쏟아졌다(Nussbaum, 2016.8.15). "나는 〈기묘한 이야기〉의 여덟 시간을 24시간 안에 모두 시청했고, 끝나고 나서 처음부터 다시 시작하고 싶다는 생각이 들었다"는 리뷰도 있었다. 북미 영화·드라마 전문 매체인 콜라이더(Collider)지는 〈기묘한 이야기〉 시즌 3를 2019년 최고의 프로그램으로 선정했으며, 길이와 속도를 가리켜 "8개의 에피소드만이 펼치지면서 〈기묘한 이야기〉는 대단히 간결하고 날카로워져 시리즈의 연속이 아니라 탁월한 길이의 영화처럼 느껴진다"고 평했다.

넷플릭스 스스로도 자신들의 드라마를 '긴 영화'이거나, 혹은 소설과 같은 구조로 짜여 있다고 소개한다. 실제로 대부분의 넷플릭스 오리지널 드라마는 각 시즌이 영화 제목과 유사하며, 각 에피소드에는 '장(chapter)'의 제목이 붙어 있다. 빈지워칭형 드라마를 '긴 영화'로 홍보하는 이런 레토릭은 이전의 HBO의 퀄리티 드라마 이미지를 넷플릭스 오리지널과 연결시키려는 시도로 볼 수 있다.

한국형 OTT 드라마 가운데 몰아보기 수용행태에 최적화된 드라마

그림 8 기묘한 이야기 시즌 3 포스터

는 〈킹덤〉으로 평가된다. 〈킹덤 1,2〉의 스토리텔링 전략을 분석한 박찬효(2021)는 드라마 〈킹덤〉이 비슷한 시기에 출시된 다른 OTT 드라마인 〈스위트홈〉, 〈인간수업〉보다 영화적인 면모가 강한 드라마라고 설명하고 있다.[2] 또한 〈킹덤〉의 몰아보기 최적화된 스토리텔링으로 1) 분절화 전략을 통한 시청자들의 흥미 고조, 2) 하나의 주제의 전략적 교차편집, 3) 플래시백 기법의 효율적 사용 등을 들고 있다.

2 분량적인 측면에서 〈킹덤〉은 시즌 1,2의 총 러닝타임인 각 306분과 269분이다. 상당히 긴 장편영화인 〈반지의 제왕〉 시리즈의 길이(1편 228분, 2편이 235분, 3편이 26분)와 비교할 때 〈킹덤〉 2는 〈반지의 제왕〉 3편과 분량이 유사하다. 매화의 오프닝과 엔딩 타이틀을 제외하면 실질적인 러닝타임은 더 짧다. … 〈킹덤〉은 어떤 드라마 콘텐츠보다 한 시즌을 영화처럼 한 공간에서 몰입하여 감상하는 것이 가능한 작품으로 서사적 연결성 역시 영화적인 측면이 강하다(박찬효, 2021. p.37)

두 번째 특징은 OTT 드라마가 점점 계속 이어지는 시즌을 염두에 둔 '시즌 아크(Season Arc)'로 구성되고 있다는 점이다. 이전의 드라마가 한 시리즈 안에서 완결되는 스토리 아크를 가졌다면 최근 넷플릭스 오리지널 성공작들은 여러 시즌에 걸쳐 스토리가 이어진다. 대표적 사례가 〈하우스 오브 카드〉(2013-2018, 시즌 6), 〈오렌지 이즈 더 뉴 블랙〉(2013-2019, 시즌 7), 〈기묘한 이야기〉(2016-2024, 시즌 5 개봉 예정), 그리고 〈못말리는 패밀리〉(Fox 2003-2006 시즌 3, Netflix 2013, 2018 시즌 4,5) 등이다. 시즌 아크제는 드라마를 처음 기획할 때부터 충분히 큰 그림을 그릴 수 있고, 이야기의 핵이 충분한 확장성을 갖는 것이 중요하다는 것을 말해준다.

시즌 아크를 통해 나타난 몇 가지 내러티브 모드의 혁신적 변화는 이전에 발생한 일에 대한 세그먼트의 부재, 〈하우스 오브 카드〉의 내재적 재해설(diegetic retelling), 〈오렌지 이즈 더 뉴 블랙〉의 강력한 시간적 연출 및 플래시백 기반의 캐릭터 개발 등을 들 수 있다. 또한 서사에서 분열된 시간 리듬이 점점 더 많이 사용되고 있다. 예를 들면 〈못말리는 패밀리〉 시즌 4에서 개별 에피소드는 선형적인 스토리를 구성하지 않는다(Jenner, 2016, pp. 266-7). 그 대신 시청자들은 가장 중요한 줄거리를 완전히 이해하기 위해 전체 시리즈를 시청해야만 한다.

시즌 아크가 가능한 것은 한 시즌이나 에피소드 내의 스토리 아크뿐 아니라, 전체 시즌을 통해 끊임없이 연결되는 서사를 이미 알고 있는 수용자의 열성적 몰입시청을 전제로 하기 때문이다. 또한 빈지워칭 자체가 기존 TV 흐름(flow)으로부터 절연된 그야말로 '순수한 텍스트(pure text)'로 소비되기를 원하는 넷플릭스의 전략적 의지도 반영하고 있는 것이다(Jacobs, 2016).

그러나 OTT 드라마의 몰입형 장편에 대한 오해도 있다. 흔히 OTT 시리즈가 매우 '긴' 장편이라고 느껴지지만 사실은 기존 텔레비전 연속 드라마보다 총 러닝타임이 긴 것은 아니라는 점이다. 미국의 경우, 네트워크 TV의 장편 시리얼 드라마는 계절당 최소 22개 에피소드로 구성되어 있다. OTT 일괄출시 드라마보다 훨씬 긴 시간이다. 한국의 경우도 대체로 16편 정도의 에피소드로 구성된 점을 감안하면, OTT 드라마가 아주 긴 방영시간을 가졌다고는 할 수 없다. 다만 단기간에 걸쳐 한꺼번에 시청하므로 더 길고 강렬하게 느껴진다는 것이다.

또한 긴 장편이 반드시 더 많은 이야기와 예술적 풍부함을 보장하는 것도 아니다. 몰입형 장편이라고 해서 훨씬 풍부하고 우수한 스토리텔링을 가질 것이라는 시각에도 의문이 제기된다(Horeck, Jenner & Kendall, 2018).

마지막으로 OTT 드라마가 모두 강렬하고 밀도있는 스토리텔링을 필요로 하는지에 대해서도 생각해 볼 필요가 있다. 퀄리티 드라마가 대부분 '복합적 TV(Complex TV)'의 특성을 가진 것은 사실이다. 즉, 감성적으로 강렬하고 지적으로 자극을 준다, 그러나 시청자들은 반드시 이런 '강렬한' 드라마만을 원하지는 않는다. 실제로 넷플릭스 수용자들에게도 강렬하고 특별한 드라마에 대한 몰입 시청뿐 아니라, 단조롭고 평범한 이야기를 보며 '멍 때리는(zone-out)' 휴식 시청도 중요하게 여겨진다. 강렬한 스릴과 즐거움을 주는 드라마도 중요하지만, 동시에 평안한 휴식과 힐링을 주는 여백 있는 드라마들도 필요하다.

| 3부 |

K-드라마의 글로벌 스파클

제7장 | 넷플릭스 인기 한국 드라마 분석

제8장 | K-드라마 스토리텔링의 매력

제9장 | 국가 간 여행을 위한 번역

제7장

넷플릭스 인기 한국 드라마 분석

최근 넷플릭스 K-드라마 글로벌 붐의 일등공신은 전 세계적인 인기몰이를 한 오리지널 K-드라마 장르물이다. 〈오징어 게임〉(2021년 9월 17일 공개)의 메가히트에 이어 〈지옥〉, 〈마이네임〉 등이 인기를 끌고, 〈지금 우리 학교는〉, 〈더 글로리〉는 넷플릭스 비영어권 Top 10 TV 순위 랭킹 5위 안에 진입했다. 그러나 넷플릭스에서의 한국 드라마 인기는 오리지널 K-장르물에만 국한된 것은 아니다. 〈사랑의 불시착〉, 〈사이코지만 괜찮아〉 등 세련된 로맨틱 코미디, 고퀄리티 일상 드라마(〈갯마을 차차차〉, 〈나의 해방일지〉, 〈나의 아저씨〉 등)의 열성 글로벌 팬들도 생겨났다. 거기에 〈이상한 변호사 우영우〉라는 돌발 변수까지 떠올랐다. 이 장에서는 넷플릭스에서 인기를 끈 한국 드라마를 플릭스패트롤과 넷플릭스의 '글로벌 Top 10' 리스트 자료 분석을 통해 상세하게 살펴보고, 그 인기가 글로벌, 권역별, 국가별로 어떤 차이를 보이는지, 유형별 특성과 인기 요인을 논의해보고자 한다.

글로벌 Top 100 순위 내 인기 한국 드라마

넷플릭스 라이브러리의 한국 드라마 현황

2023년 6월 22일 방한한 테드 사란도스 넷플릭스 공동 CEO는 "현재 전 세계 60% 이상의 넷플릭스 회원이 한국 콘텐츠를 시청하고 있다. … 지난 4년 동안 넷플릭스에서의 한국 콘텐츠 시청이 6배 증가했다"고 말했다(김상협, 2023.6.22). 2016년 1월 한국 진출 이후 넷플릭스는 꾸준히 한국 드라마 카탈로그 편수를 늘려왔다. 물론 세계 각국의 넷플릭스 라이브러리는 국가별로 차별성이 있지만, 2016년부터 2022년까지 한국 넷플릭스 라이브러리에서 제공하는 한국 드라마 시리즈는 총 212편이고, 방영채널별 편수는 다음과 같다(〈표 6〉). *(구체적 드라마 리스트는〈부록〉을 참조할 것)*

물론 넷플릭스의 라이브러리는 국가별 라이선스 보유 기간 때문에 유동성과 휘발성이 높다. 국가별 라이선스 보유 기간에 따라 몇 편의 드라마는 서비스가 중단되기도 한다. 예를 들면 〈응답하라 시리즈〉나 〈슬기로운 의사생활〉, 〈슬기로운 감빵생활〉 같은 인기 드라마는 시기에 따라 중단되었다가 다시 방영되기도 했다. 전체적으로 넷플릭스 한국 오리지널 시리즈 편수가 2020년 이후 꾸준히 늘어나고 있으나(2023년 3월까지 34편, 2023년 말까지 총 42편), 한국 드라마 라이브러리에서 가장 높은 비중을 차지하는 것은 tvN(63편)과 JTBC(56편) 방영 드라마인 것으로 나타났다.

표 6 넷플릭스 라이브러리 한국 드라마 연도별 & 방영 채널별 편수(2016–2022)

방영채널 \ 연도[1]	2022	2021	2020	2019	2018	2017	2016	Total
1 Netflix[2]	11	9	6	4	2	2	0	34
2 tvN	7	6	15	11	10	7	7	63
3 JTBC	8	13	12	13	8	2	0	56
4 OCN	0	0	3	2	3	1	0	9
5 지상파	5	5	3	4	1	2	7	27
6 종편	2	2	1	2	1	0	0	8
7 기타	9	1	2	0	0	0	3	15
8 연도별 합계	42	36	42	36	25	14	17	212

출처 : 저자 생성 – 넷플릭스 한국 라이브러리 사이트(2023년 3월 5일자 기준)

글로벌 Top 100 순위 내 인기 한국 드라마 리스트

그렇다면 200여 편이 넘는 한국 드라마 가운데 전 세계 국가별 넷플릭스 Top10에 가장 많이 오른 드라마는 어떤 작품일까. 글로벌 OTT 순위 사이트인 플릭스패트롤 자료[3]를 바탕으로 2020년에서 2022년까지 전체

1 넷플릭스에서 서비스를 제공하기 시작한 개봉연도를 말함.

2 넷플릭스 오리지널 중 〈도시괴담〉, 〈마음의소리 : REBOOT 1·2〉, 〈마이 온리 러브송〉, 〈비정규직 아이돌〉은 '넷플릭스 오리지널' 표시(N)가 붙어 있는 콘텐츠는 아님 : (넷플릭스 초창기 등의 시기에) 해당 콘텐츠를 넷플릭스에서 단독으로 서비스 했던 것이므로 본 카테고리로 분류했음.

3 넷플릭스를 비롯한 OTT 관련 순위를 집계하여 제공하는 웹사이트 가운데 한국에서는 플릭스패트롤(Flixpatrol)의 인지도가 압도적으로 높다. 플릭스패트롤이 제공하는 비공식적 OTT 콘텐츠 순위는 개별 콘텐츠의 시청시간보다는 국가별

연도별로 종합 글로벌 100 TV 시리즈 순위에 들어간 한국 드라마를 살펴보았다. 2020년에서 2022년까지 전체 연도를 종합한 '글로벌 100' TV 리스트에 들어간 한국 드라마는 2020년도 10편, 2021년도 10편, 2022년도 15편에 달한다. 물론 여기에는 넷플릭스 오리지널뿐 아니라, tvN, JTBC, 지상파 드라마도 포함되어 있다. 2020-2022년도 전체 연도 데이터를 종합한 글로벌 100에 진입한 한국 드라마의 순위 리스트는 아래와 같다(〈표 7〉).

표 7 2020-2022년 넷플릭스 글로벌 100 순위 내 한국 드라마

2020년				
순위	제목	채널	연도	장르
19	사이코지만 괜찮아(It's Okay to Not Be Okay)	tvN	2020	드라마, 로맨스
32	스타트업(Start-Up)	tvN	2020	코미디, 로맨스
36	더 킹 : 영원의 군주(The King : Eternal Monarch)	SBS	2020	판타지, 로맨스
48	청춘기록(Record Of Youth)	tvN	2020	드라마, 로맨스
59	사랑의 불시착(Crash Landing on You)	tvN	2019	드라마, 코미디
70	슬기로운 의사생활(Hospital Playlist)	tvN	2020	드라마
72	우리, 사랑했을까(Was It Love)	JTBC	2020	코미디, 로맨스
73	스위트 홈(Sweet Home)	Netflix	2020	호러, 판타지
90	쌍갑포차(Mystic Pop-up Bar)	JTBC	2020	판타지, 미스터리
99	비밀의 숲(Stranger)	tvN	2020	범죄, 스릴러

순위를 바탕으로 점수를 부여하는 방식이라 전체 시청시간면에서 다소 부정확한 부분이 있지만, 전체적인 글로벌 순위에서는 유의미한 자료로 볼 수 있다. 또한 공식적 사이트가 아닌 만큼, 플릭스패트롤 사이트에 가끔씩 나오는 실수들도 고려할 필요가 있었다. 넷플릭스에서도 2021년 11월부터 공식 사이트에서 시청시간을 바탕으로 영어권과 비영어권의 영화와 드라마의 주간별 순위를 공개하고 있지만, 2021년 6월 이전의 자료는 플릭스패트롤을 참조했다.

2021년				
순위	제목	채널	연도	장르
1	오징어 게임(Squid Game)	Netflix	2021	스릴러, 드라마
15	빈센조(VINCENZO)	tvN	2021	범죄
26	갯마을 차차차(Hometown Cha-Cha-Cha)	tvN	2021	로맨스, 코미디
48	연모(The King's Affection)	KBS2	2021	로맨스
49	지옥(HELLBOUND)	Netflix	2021	범죄, 미스터리
50	마이네임(Undercover)	Netflix	2021	범죄, 스릴러
67	알고있지만,(Nevertheless,)	JTBC	2021	로맨스
68	슬기로운 의사생활 2(Hospital Playlist 2)	tvN	2021	드라마
83	시지프스 : the myth(SISYPHUS : THE MYTH)	JTBC	2021	SF, 스릴러
97	경이로운 소문(The Uncanny Counter)	OCN	2020	판타지

2022년				
순위	제목	채널	연도	장르
9	지금 우리 학교는(All OF US ARE DEAD)	Netflix	2022	액션, 판타지
11	이상한 변호사 우영우(Extraordinary Attorney Woo)	ENA	2022	법정, 드라마
15	사내맞선(Business Proposal)	SBS	2022	로맨스, 코미디
23	환혼(Alchemy of Souls)	tvN	2022	판타지, 로맨스
33	신사와 아가씨(Young Lady and Gentleman)	KBS2	2021	드라마, 가족
45	스물다섯 스물하나(Twenty Five Twenty One)	tvN	2022	로맨스, 드라마
51	작은 아씨들(Little Women)	tvN	2022	드라마, 미스터리
53	종이의 집 : 공동경제구역(MONEY HEIST : KOREA – JOINT ECONOMIC AREA)	Netflix	2022	범죄, 스릴러
74	수리남(Narco-Saints)	Netflix	2022	범죄, 스릴러

2022년				
순위	제목	채널	연도	장르
75	기상청 사람들 : 사내연애 잔혹사 편 (FORECASTING LOVE&WEATHER)	JTBC	2022	로맨스, 코미디
79	슈룹(Under the Queen's Umbrella)	tvN	2022	드라마, 시대물
87	내일(Tomorrow)	MBC	2022	판타지, 드라마
90	해피니스(Happiness)	tvN	2021	액션, 판타지
91	우리들의 블루스(Our Blues)	tvN	2022	드라마
100	그해 우리는(Our Beloved Summer)	SBS	2021	로맨스, 코미디

출처 : 저자 재구성 (https://flixpatrol.com/top10/netflix/world/2020/full/ ; https://flixpatrol.com/top10/netflix/world/2021/full/#netflix-2 ; https://flixpatrol.com/top10/netflix/world/2022/full/#netflix-2; https://www.whats-on-netflix.com/what-to-watch/100-most-popular-shows-on-netflix-top-10s-in-2022/

권역별 · 국가별 인기도

넷플릭스 '글로벌 100'에 든 인기 한국 TV 드라마의 인기 지역을 좀 더 상세히 알아보기 위해 2020년에서 2022년까지 넷플릭스에서 제공하는 'Netflix Official Top 10'[4]의 '주간 글로벌 Top 10 진입국가'를 중심으로

4 구체적인 데이터 수집 방법은 다음과 같다. 인기국가 순위는 기본적으로 플릭스패트롤의 글로벌 순위 100에 드는 프로그램(flixpatrol 2021 & 2022 full year)을 검색하고, full detail의 〈Top 10〉을 클릭해서, Top 10 차트에 오른 국가별 리스트를 살펴보았다. 플릭스패트롤의 경우는 Top10 순위권내 든 '날짜수'를 포인트로 계산하고 있으며, 〈Netflx Official Top 10〉은 '주별' 글로벌 Top 10 순위권을 중심으로 발표한다(https://www.netflix.com/tudum/top10/ 참고). 2021년도 6월 이전에 방영된 드라마의 경우, 넷플릭스의 주별 Top 10 데이터가

살펴보았다. 넷플릭스는 2021년 6월 28일부터 공식적으로 Netflix Top 10(주간 순위)을 발표하기 시작했고, 2021년 11월 16일 〈Official Netflix Top10〉 사이트를 개설하여, 시청시간 순위 자료를 바로 인터넷에 공개하고 있다.[5] 특히 2023년 12월 13일 이후부터는 〈넷플릭스 시청현황 리포트〉(Netflix Engagement Report)를 통해 넷플릭스 카탈로그의 전체 타이틀의 상세한 시청 시간 순위를 제공하고 있다.

넷플릭스는 전 세계 시장을 4개 권역 UCAN(US. and Canada), EMEA (Europe, Middle East, and Africa), LATAM(Latin America), APAC(Asia-Pacific)으로 나눈다. 실제로 EMEA(유럽, 중동, 아프리카)의 경우, 문화적 유사성 측면에서 많은 편차가 있다고 판단하여, ①미국 & 캐나다 ②유럽 ③중동 ④아프리카 ⑤라틴 아메리카 ⑥아시아 권역으로 나눠서 살펴보았다.

2020년도 한국 드라마 상위 인기 국가

2020년도 글로벌 Top 100에 들어간 한국 드라마 가운데, 넷플릭스 오리지널인 〈스위트 홈〉은 76개국의 인기 Top 10 리스트에 랭킹되면서 가장 광범위한 글로벌 인기를 보여주었다. 한편 〈사이코지만 괜찮아〉, 〈스타트업〉 같은 드라마도 30개국이 넘는 국가의 Top 10 리스트 순위에 들어갔다. 특히 아시아 국가(홍콩, 필리핀)뿐 아니라, 나이지리아, 카타르 등에서도 높은 인기를 끈 것이 주목할 만하다. 〈사랑의 불시착〉의 경우, 일본에

없으므로, 일별 계산한 플릭스패트롤(2020.4.20. 개설)의 〈Netflix TV Top 10〉을 참조하였다.

5 Netflix Management's Report on Viewership Metric Reporting(2022.2.24)

서 폭발적 인기와 더불어 아시아 전역에서 매우 높은 인기를 누렸다.

표 8 2020년도 한국 드라마 인기 국가

순위	제목	채널	장르	Top 10 진입 국가 수 (일간)[6]	상위 인기 국가 (10개국)[7]
19	사이코지만 괜찮아 (It's Okay to Not Be Okay)	tvN	드라마 로맨스	43	홍콩, 대만, 필리핀, 말레이시아, 태국, 싱가포르, 베트남, 한국, 일본, 나이지리아
32	스타트업 (Start-Up)	tvN	코미디 로맨스	35	필리핀, 태국, 베트남, 말레이시아, 싱가포르, 한국, 홍콩, 대만, 일본, 카타르
36	더 킹 : 영원의 군주 (The King : Eternal Monarch)	SBS	판타지 로맨스	28	말레이시아, 태국, 싱가포르, 홍콩, 필리핀, 대만, 나이지리아, 한국, 일본, 베트남
48	청춘기록 (Record Of Youth)	tvN	드라마 로맨스	26	홍콩, 필리핀, 베트남, 한국, 태국, 말레이시아, 싱가포르, 대만, 일본, 스리랑카
59	사랑의 불시착 (Crash Landing on You)	tvN	드라마 코미디	14[8]	일본, 베트남, 홍콩, 태국, 대만, 말레이시아, 필리핀, 한국, 싱가포르, 인도네시아
70	슬기로운 의사생활 (Hospital Playlist)	tvN	드라마	16	한국, 대만, 베트남, 말레이시아, 싱가포르, 홍콩, 태국, 필리핀, 인도네시아, 일본

6 넷플릭스 공식집계 주간 Top 10 자료가 2021년 6월 28일 이후부터 공개되었으므로 2020년도 자료는 플릭스패트롤의 〈Netflix Global top 10〉 일별로 진입한 수를 참조했음.

7 플릭스패트롤에 나온 '국가별' 전체 연도 평점 합계 순위로 상위 10개국을 선정했음.

8 〈사랑의 불시착〉은 일본을 포함 전 세계적으로 매우 높은 인기를 누렸는데 tvN에서의 방송 시기가 2019년 12월 14일에서 2020년 2월 16일까지인 관계로 플릭스패트롤의 2020년도 연도 종합 데이터에는 높은 인기가 잘 반영되지 못한 것으로 보인다.

순위	제목	채널	장르	Top 10 진입 국가 수 (일간)	상위 인기 국가 (10개국)
72	우리, 사랑했을까 (Was It Love)	JTBC	코미디 로맨스	9	말레이시아, 대만, 홍콩, 싱가포르, 베트남, 한국, 태국, 필리핀, 일본
73	스위트 홈 (Sweet Home)	Netflix	호러 판타지	76	한국, 홍콩, 대만, 필리핀, 태국, 말레이시아, 베트남, 싱가포르, 사우디아라비아, 방글라데시
90	쌍갑포차 (Mystic Pop-up Bar)	JTBC	판타지 미스터리	9	대만, 말레이시아, 태국, 홍콩, 싱가포르, 한국, 베트남, 필리핀, 일본
99	비밀의 숲 (Stranger)	tvN	범죄 스릴러	7	한국, 대만, 베트남, 싱가포르, 태국, 홍콩, 말레이시아

출처: https://flixpatrol.com/top10/netflix/world/2022/full/#netflix-2; & Netflix Top10 site (2022년 9월 3일자)

2021년도 한국 드라마 상위 인기 국가

2021년도 전 세계 94개국이 넘은 국가에서 〈오징어 게임〉이 글로벌 Top 10에 진입했다. 〈지옥〉, 〈마이네임〉 등의 넷플릭스 오리지널 역시 90개국이 넘는 국가에서 광범위한 글로벌 인기를 보여주었다. 흥미로운 것은 〈빈센조〉, 〈갯마을 차차차〉, 〈연모〉 등도 30개국이 넘는 국가의 글로벌 Top 10에 진입했다는 점이다. 〈경이로운 소문〉과 〈시지프스〉의 경우, 아시아 국가뿐 아니라, 사우디, 카타르 등 중동국가에서도 높은 인기를 보였다.

표 9 2021년도 한국 드라마 인기 국가

순위	제목	채널	장르	Top 10 진입 국가 수 (일간&주간)[9]	상위 인기 국가 (10개국)
1	오징어 게임 (Squid Game)	Netflix	스릴러 드라마	94	인도, 일본, 방글라데시, 파키스탄, 헝가리, 체코, 러시아, 세르비아, 쿠웨이트, 슬로바키아
15	빈센조 (VINCENZO)	tvN	범죄	53	태국, 인도네시아, 베트남, 말레이시아, 일본, 나이지리아, 방글라데시, 대만, 파키스탄, 필리핀
26	갯마을 차차차 (Hometown Cha-Cha-Cha)	tvN	로맨스 코미디	40	태국, 인도네시아, 말레이시아, 대만, 베트남, 필리핀, 홍콩, 싱가포르, 일본, 한국
48	연모 (The King's Affection)	KBS2	로맨스	34	일본, 태국, 말레이시아, 인도네시아, 싱가포르, 한국, 나이지리아, 홍콩, 베트남, 필리핀
49	지옥 (HELLBOUND)	Netflix	범죄 미스터리	93	한국, 홍콩, 싱가포르, 인도네시아, 방글라데시, 말레이시아, 베트남, 대만, 터키, 필리핀
50	마이네임 (Undercover)	Netflix	범죄 스릴러	91	사우디아라비아, 인도네시아, 말레이시아, 모로코, 한국, 베트남, 홍콩, 대만, 오만, 싱가포르
67	알고있지만, (Nevertheless,)	JTBC	로맨스	33	일본, 인도네시아, 태국, 말레이시아, 필리핀, 홍콩, 한국, 대만, 베트남, 싱가포르
68	슬기로운 의사생활 2 (Hospital Playlist 2)	tvN	드라마	11	한국, 대만, 베트남, 인도네시아, 싱가포르, 홍콩, 말레이시아, 필리핀, 태국, 일본

9 2021년 6월 이후 개봉된 작품은 넷플릭스 '주간 official top 10'에 진입한 국가 수를 참조했음. 단, 2021년 6월 이전에 방영된 작품(〈빈센조〉(2021.2.20), 〈시지프스〉(2021.2.17-4.8), 〈경이로운 소문〉(2020.11.28-2021.1.24))은 다른 작품들의 주간 Top 10 자료와 균형을 맞추기 위해 플릭스패트롤에서 제공하는 'Netflix Global top 10'의 글로벌 Top 10 진입 일별 숫자를 주간으로 환산하여 기입했음.

순위	제목	채널	장르	Top 10 진입 국가 수 (일간&주간)	상위 인기 국가 (10개국)
83	시지프스 : the myth (SISYPHUS : THE MYTH)	JTBC	SF 스릴러	21	홍콩, 타이완, 말레이시아, 베트남, 싱가포르, 한국, 태국, 필리핀, 카타르, 사우디아라비아
97	경이로운 소문 (The Uncanny Counter)	OCN	판타지	28	베트남, 타이완, 홍콩, 한국, 말레이시아, 싱가포르, 필리핀, 태국, 사우디아라비아, 카타르

출처 : https://flixpatrol.com/top10/netflix/world/2022/full/#netflix-2; & Netflix Top10 site (2023년 8월 3일자)

2022년도 한국 드라마 상위 인기 국가

2022년도에는 〈지금 우리 학교는〉이 94개국, 〈이상한 변호사 우영우〉는 57개국에서 국가별 Top 10에 진입하는 광범위한 글로벌 인기를 기록했다. 〈종이의 집〉, 〈수리남〉 등은 전 세계 국가에서 골고루 인기 Top 10에는 들었으나, 전체 순위상 그리 높은 인기 순위를 기록하지는 못했다. 오히려 〈사내맞선〉(58개국), 〈신사와 아가씨〉(54개국)와 같은 기존 한류 드라마의 특성을 가진 '순한' 드라마들이 아시아권을 넘어 방글라데시, 인도, 카타르, 몰디브 같은 국가에서 높은 인기를 보여준 점이 주목할 만하다.

표 10 2022년도 한국 드라마 인기 국가

순위	제목	채널	장르	Top 10 진입 국가 수 (주간)[10]	상위 인기 국가 (10개국)
9	지금 우리 학교는 (All OF US ARE DEAD)	Netflix	액션 판타지	94	파키스탄, 방글라데시, 인도, 볼리비아, 나이지리아, 페루, 멕시코, 말레이시아, 에콰도르, 콜롬비아
11	이상한 변호사 우영우 (Extraordinary Attorney Woo)	ENA	법정 드라마	57	일본, 대만, 홍콩, 싱가포르, 태국, 인도네시아, 한국, 페루, 볼리비아, 말레이시아
15	사내맞선 (Business Proposal)	SBS	로맨스 코미디	58	방글라데시, 인도, 인도네시아, 말레이시아, 베트남, 필리핀, 몰디브, 태국, 스리랑카, 일본
23	환혼 (Alchemy of Souls)	tvN	판타지 로맨스	38	나이지리아, 태국, 인도네시아, 필리핀, 말레이시아, 베트남, 한국, 홍콩, 싱가포르, 대만
33	신사와 아가씨 (Young Lady and Gentleman)	KBS2	드라마 가족	54	인도네시아, 오만, 카타르, 몰디브, 나이지리아, 쿠웨이트, 바레인, 아랍에미리트, 사우디아라비아, 베트남
45	스물다섯 스물하나 (Twenty Five Twenty One)	tvN	로맨스 드라마	33	인도네시아, 한국, 대만, 필리핀, 베트남, 태국, 말레이시아, 방글라데시, 홍콩, 사우디아라비아
51	작은 아씨들 (Little Women)	tvN	드라마 미스터리	39	인도네시아, 일본, 한국, 말레이시아, 싱가포르, 대만, 홍콩, 사우디아라비아, 필리핀, 태국
53	종이의 집 : 공동경제구역 (MONEY HEIST : KOREA – JOINT ECONOMIC AREA)	Netflix	범죄 스릴러	77	한국, 베트남, 홍콩, 싱가포르, 인도네시아, 말레이시아, 필리핀, 모로코, 태국, 일본

10 넷플릭스 글로벌 Top10 주간 인기 순위(https://www.netflix.com/tudum/top10/) 참조

순위	제목	채널	장르	Top 10 진입 국가 수 (주간)	상위 인기 국가 (10개국)
74	수리남 (Narco–Saints)	Netflix	범죄 스릴러	82	한국, 베트남, 대만, 홍콩, 모로코, 말레이시아, 케냐, 사우디아라비아, 인도네시아, 방글라데시
75	기상청 사람들 : 사내연애 잔혹사 편 (FORECASTING LOVE&WEATHER)	JTBC	로맨스 코미디	24	태국, 일본, 인도네시아, 대만, 필리핀, 홍콩, 베트남, 한국, 말레이시아, 싱가포르
79	슈룹 (Under the Queen's Umbrella)	tvN	드라마 시대물	21	인도네시아, 한국, 베트남, 태국, 말레이시아, 싱가포르, 대만, 필리핀, 일본, 나이지리아
87	내일 (Tomorrow)	MBC	판타지 드라마	21	말레이시아, 인도네시아, 홍콩, 필리핀, 싱가포르, 한국, 태국, 베트남, 대만, 사우디아라비아
90	해피니스 (Happiness)	tvN	액션 판타지	27	사우디아라비아, 베트남, 말레이시아, 필리핀, 쿠웨이트, 오만, 싱가포르, 카타르, 방글라데시, 바레인
91	우리들의 블루스 (Our Blues)	tvN	드라마	12	한국, 대만, 베트남, 인도네시아, 홍콩, 말레이시아, 싱가포르, 일본, 태국, 필리핀
100	그해 우리는 (Our Beloved Summer)	SBS	로맨스 코미디	18	한국, 베트남, 인도네시아, 대만, 홍콩, 필리핀, 말레이시아, 일본, 태국, 싱가포르

출처 : https://flixpatrol.com/top10/netflix/world/2022/full/#netflix-2; & Netflix Top10 site (2023년 3월 6일자)

종합하면, 2020년에서 2022년까지 3년 간 넷플릭스 인기 한국 드라마에서 소위 말하는 K-장르물과 기존 한류 전통의 드라마간에 권역별, 국가별 차별성이 두드러지게 나타나고 있다. 넷플릭스 오리지널 K-드라마의 경우, 거의 80~90개국에서의 〈Netflix Top 10〉에 진입하며 전 세계적으로 광범위한 인기를 누린 데 비해, tvN 드라마나 기존의 한류 전통 로맨틱 코미디의 경우는 아시아권을 중심으로 높은 인기를 보여주고 있다.

상위 인기 국가를 살펴보았을 때, 국가별로 인기 한국 드라마 선호도에서 차이를 드러내고 있다. 같은 아시아권에서도 국가마다 인기 드라마나 선호하는 드라마 취향이 다르다. 이는 2023년 한국국제문화교류진흥원의 「해외한류실태 조사」에서도 잘 나타난다. 조사 대상인 총 해외 26개국(아시아·태평양/미주/유럽/중동/아프리카 총 5개 권역)에서 가장 선호하는 한국 드라마는 2021년 작품인 〈오징어 게임〉(11.3%), 〈이상한 변호사 우영우〉(2.8%), 〈지금 우리 학교는〉(2.6%), 〈사내맞선〉(1.9%), 〈사랑의 불시착〉(1.9%) 등으로 나타났다.

아시아. 태평양 지역 내에서도 국가별로 가장 선호하는 드라마 순위에서 차이가 난다. 중국에서는 〈태양의 후예〉, 〈별에서 온 그대〉 등이 여전히 최선호 드라마로 꼽히고, 일본의 경우, 〈겨울연가〉, 〈사랑의 불시착〉, 〈이태원 클라스〉 등이 〈오징어 게임〉보다 높은 선호도를 보여주고 있다. 대만에서는 〈이상한 변호사 우영우〉, 〈사내맞선〉이 〈오징어 게임〉보다 선호하는 드라마로 나타났다.

〈오징어 게임〉이 물론 최고 인기 드라마로 꼽히기는 하지만, 그 선호도에서는 많은 차이를 보여주고 있다. 카자흐스탄, 호주 등에서 〈오징어 게임〉이 독보적 1위를 차지한데 비해, 말레이시아, 인도네시아에서는 〈빅 마우스〉, 〈작은 아씨들〉, 〈슈룹〉, 〈사내맞선〉이, 베트남에서는 〈빅 마우스〉, 〈고스트 닥터〉, 〈태양의 후예〉, 〈사랑의 불시착〉, 〈사내맞선〉 등이 〈오징어 게임〉보다 높은 순위를 차지했다. 한편 북미의 경우 〈오징어 게임〉이, 남미에서는 〈이상한 변호사 우영우〉가 1위이고, 아르헨티나는 〈천국의 계단〉이 1위로 조사되었다. 유럽, 중동, 아프리카에서도 〈오징어 게임〉이 1위였고, 〈지금 우리 학교는〉 등의 넷플릭스 오리지널이 높은 선호도를 보였다.

한국 드라마를 좋아하는 이유도 국가 간 차이가 난다. 중국, 인도, 인도네시아에서는 '스토리의 짜임새'가, 일본, 대만, 태국에서는 '배우의 외모'가, 브라질, 프랑스, 터키에서는 '한국 생활/문화의 간접경험'이 한국 드라마 인기의 주요 요인으로 거론된다(한국국제문화교류진흥원, 2023, pp. 86-87).[11]

인기 드라마 유형별 논의

글로벌 100에 랭킹된 넷플릭스 인기 한국 드라마(2020-2022년도)를 장르적 특성과 인기 지역(특정 국가와 지역 편중 vs. 글로벌 광범위 지역)을 고려하여 크게 5가지 유형으로 분류해 볼 수 있다.

1) 넷플릭스 오리지널 K-장르물 : 초국가적 장르 친숙성과 글로벌 인기

〈오징어 게임〉, 〈지금 우리 학교는〉, 〈지옥〉, 〈스위트홈〉, 〈종이의 집〉, 〈수리남〉 등이 이 유형에 속한다. 주로 데스게임, 좀비, 범죄, 판타지, 호러물들이며, 태깅들도 '폭력적인, 어두운, 스릴러, 폭력적, 긴장감 넘치는' 등으로 소개된다. 대체로 초국가적으로 어필 할 수 있는 친숙한 장르문법을

11 심두보(2022)는 어떤 한국 드라마는 전 세계 모든 국가에서 인기가 있는 반면에, 특정국가에서만 선호되는 드라마도 있다고 말한다. 이는 수용국의 정치·사회·문화·종교·미디어 요인들이 수용자 개인의 취향에 영향을 주기 때문이다. 다수의 동남아 수용자들은 문화가 비슷해서 한국 드라마를 좋아한다기보다는 '문화는 다르지만, 한국 드라마의 세련된 스타일과 재미나면서도 인생을 생각하게 만드는 서사' 때문에 한국 드라마를 좋아한다는 답변이 많았다. 최근에는 아시아 지역 외의 시청자들도 한국 드라마의 서사적 우수성과 배우의 뛰어난 연기력을 한국드라마 인기 요인으로 거론하는 경우가 많았다.

사용한다. 이 유형의 또 하나의 특성은 장르 소개에 '웹툰 원작(webtoon based drama)'라는 표시가 붙을 정도로 인기 웹툰을 원작으로 한 드라마(<지금 우리 학교는>, <지옥>, <스위트홈>)가 많다.

2) 로맨틱 코미디 : 한국적 로코의 진화와 권역별 인기

<사랑의 불시착>(tvN), <사이코지만 괜찮아>(tvN), <그해 우리는>(SBS), <우리 사랑했을까>(Jtbc), <사내맞선>(SBS), <기상청 사람들>(JTBC)등이 이 유형에 속한다. 이 가운데 tvN의 <사랑의 불시착>과 <사이코지만 괜찮아>는 기존 한류의 로맨틱 코미디와는 다른 세련됨과 장르 혼합적 특성을 보인다. 로맨틱 코미디지만 스릴러, 미스터리 호러적 요소가 가미되어 있다. 한편 <사내맞선>과 <기상청 사람들>은 일종의 직장 코미디물이다. 특히 <사내맞선>의 경우, 전형적인 신데렐라 이야기 구조이지만, 다양한 국가에 어필하는 코믹한 요소와 빠른 전개로 58개국이 넘는 국가에서 두루 인기를 끌었다.

3) 드라마(휴먼 & 일상물) : 휴먼 드라마의 변주

먼저 첫 번째 하부 유형은 <이상한 변호사 우영우>, <스타트업>, <빈센조>, <작은 아씨들>, <스물다섯 스물하나>, <알고있지만>, <비밀의 숲> 등인데, 가장 주목할 만한 높은 인기를 끈 것은 법정 휴먼 드라마인 <이상한 변호사 우영우>이다.[12] 글로벌하게 어필할 수 있는 휴먼 성장 드라마

12 <이상한 변호사 우영우>는 54개국의 넷플릭스 주간 Top 10을 차지했다. IMDB 최고 인기 드라마 순위 59위에 오르면서, 평점 9.0을 기록하기도 했다(2022년 8월 26일자).

(자폐증후군 주인공)와 법정물이 혼합되어 전 세계적으로 높은 인기를 얻었다.

두 번째 하부 유형은 일상 드라마이다. 〈갯마을 차차차〉, 〈슬기로운 의사생활〉, 〈우리들의 블루스〉가 이 부류에 속한다. 특히 〈갯마을 차차차〉의 경우, 휴먼드라마, 로맨스, 코믹(이웃 공동체)이 혼합되어 광범위한 지역(40개국)에서 인기를 끌면서, 한국의 슬로우 드라마가 글로벌하게 어필할 수 있는 가능성을 보여주었다. 반면, 〈슬기로운 의사생활〉과 〈우리들의 블루스〉는 한국에서의 높은 인기에 비해서, 아시아 권역에 집중된 인기를 보여주었다. 아마도 한국적 로컬 코드가 너무 진하게 배어 있어서 타문화권 관객들에게 다가가기 어려웠던 것 같다.

마지막으로 〈신사와 아가씨〉는 전형적인 주말드라마의 관습에 따른 가족멜로물인데, 비교적 많은 국가(54개국)에서 높은 인기를 보여주어, 전체 순위 33위를 기록한 이례적 사례이다. 넷플릭스를 통해 때로는 조금 진부하면서도 편안한 시청을 원하는 글로벌 관객들도 많다는 얘기이다.

4) 퓨전 사극 : 현대적 감성과 동양적 세계관

〈연모〉, 〈더 킹 : 영원의 군주〉, 〈환혼〉, 〈슈룹〉이 인기를 끈 퓨전 사극이다. 물론 각 드라마마다 독특성을 지녔지만, 사극적 요소에 판타지 액션, 로맨스, 미스터리, 코믹 요소들이 혼합된 면에서 유사성이 있다. 〈환혼〉은 판타지 액션과 로맨스가 가미되어 있으면서 동시에 아시아 지역의 사후 세계관 등을 보여준다는 점에서 아시아 국가에서의 인기가 입증되면서 시즌 2까지 제작되었다. 〈환혼〉의 높은 인기는 한국 퓨전 사극의 새로운 가능성을 보여주고 있다. 한국, 중국, 더 나아가 범아시아적 배경이 혼합되고, 과거 시대지만 등장 인물들의 관계와 대화는 매우 현대적이다. 〈환

그림 9 〈슈룹〉, 〈연모〉, 〈환혼〉의 장면들

출처: tvN, KBS2 제공

혼〉은 '역사에도 지도에도 존재하지 않는 대호국의 환혼인을 잡는 술사들의 이야기'라는 콘셉트로 무국적성과 혼종성을 아예 전면에 내세웠다. 시대와 장소에 얽매이지 않으니, 오히려 새롭고 신선한 느낌으로 글로벌 관객들에게 다가갈 수 있었던 것으로 보인다. 또한 다양한 장르 혼합(역사 판타지와 무술, 로맨스 장르 요소)에 사랑과 복수, 성장, 삶과 죽음, 상승과 몰락 등의 플롯이 복합적으로 잘 연결되어 있다.

또한 〈슈룹〉의 경우도 퓨전 사극적 요소에 새로운 여성상을 보여주며 관심을 끌었다. 〈연모〉의 경우, 남장여인이라는 요소도 있지만 동남아와 중남미에서 특히 인기를 끈 점이 독특하다.

5) 기타 : 새로운 판타지 액션과 S/F

〈경이로운 소문〉, 〈시지프스〉, 〈내일〉, 〈해피니스〉, 〈쌍갑포차〉 등이 이 유형에 속한다. 이 가운데 〈경이로운 소문〉(OCN)은 동남아시아, 한국, 중동 등 아시아 지역에서 높은 인기를 끌었다. 액션 판타지적 요소와 동양적 사후세계(지상과 사후세계, 그리고 그 사이에서 활약하는 '카운터'), 소박한 서민들의 국수집을 배경으로 한 생활밀착형 슈퍼 히어로들의 활약이 인기 요인으로 많이 언급되었다. 특히 '지상의 악귀를 잡아 하늘로 올리는 카운터'라는 다소 황당한 설정이지만, 수수한 추리닝과 국수집 식구들의 준가족적 훈훈한 유대감, 주인공 소문의 성장 스토리가 소박한 휴먼드라마 특성을 보여준다. 특히 단순명쾌하며 권선징악적 스토리가 아시아 지역 관객들에게 어필했다(시즌 2도 제작됨). 한편 〈시지프스〉는 SF, 스릴러 요소가 강조되고, 〈해피니스〉는 액션 판타지 요소, 〈내일〉의 경우, 판타지 요소를 갖고 있다. 〈쌍갑포차〉의 경우도 현세와 과거를 오가는 판타지 미스터리 요소(사후세계)와 코믹한 요소가 가미된 새로운 감각의 드라마였다.

인기 요인 : 문화적 근접성 & 장르 친숙성

기존의 초국적 미디어 수용과 아시아 중심의 한류의 인기를 설명하는 요인으로 늘 빠지지 않고 등장한 것이 바로 '문화적 근접성(cultural proximity)' 개념이다(Straubhaar, 1991, 유세경 · 이경숙, 2001). 수용자들은 문화적, 언어적 차원에서 자국과 가장 근접하고 직접적으로 연관성이 있는 미디어 콘텐츠를 선호하며, 국가의 특성이 미디어의 이해와 해석에 영향을 미친다고 대부분 연구에서 말한다. 그러나 다른 한편에서는 외국 콘텐츠의 문화적 차이와 낯설음이 오히려 수용자에게 매력적으로 다가가고 시청 즐거움을 증대시킨다는 주장도 있다(Hagiwara et al., 1999).

연구 결과의 차이는 있지만 기본적으로 문화적 근접성 개념을 중심으로 초국적 미디어에 대한 선호도와 인기도를 논의했다는 점에서는 유사하다. 그러나 최근 들어 글로벌 접근성과 이동성이 증대하면서 기존의 문화적 근접성 논의는 그 설명력이 많이 떨어지고 있다. 문화적 근접성 개념을 좀 더 정교화시켜야 한다는 주장들도 많이 등장하고 있다(Lee, 2018; 김도경 · 장문경 · 백현미, 2021).

더욱이 한류가 글로벌하게 확산되면서 문화적 근접성 개념의 설명력은 더 약화된다. 대신 글로벌 한류(신한류)의 인기 논의에서 '문화적 혼종성(cultural hybridity)' 개념이 키워드로 떠올랐다. 한국 드라마가 미국 드라마, 일본 애니메이션과 드라마, 홍콩 영화 등의 문법을 학습하면서, 문화적 혼합과 전유 과정을 거쳐서 한국만의 독특한 '혼종화된' 문화콘텐츠를 만들어냈다. 그리고 해외 팬들은 이런 한국의 혼종화된 콘텐츠에서 '유사한 특이성' 혹은 '기이한 동질성'을 발견하게 되었다는 것이다(심두보, 2022).

서구에서의 초국적 한국 드라마 팬덤을 연구한 이현지(Lee, 2018)는 서구에서의 한국 드라마 팬덤을 문화적, 언어적 차이점을 뛰어넘는 일종의 '팝 코스모폴리타니즘(pop cosmopolitanism)'이라고 설명하고 있다. 실제로 서구에서 한류 드라마 팬들은 '코리안 부(Korean Boo)'라고 불리며 다소 주변화되고 낙인화되는 경향이 많았다. 그러나 최근 다양한 국적의 문화 콘텐츠를 즐기는 디지털 팬 문화 속에서 외국 팬들은 한국 드라마가 갖고 있는 판타지적 출구—특히 아름다운 로맨스—와 더불어 각기 자신의 문화적 지식과 시각, 세계관을 발전시킬 수 있는 팝 코스모포리탄적 경험을 한다는 것이다(Lee, 2018).

한편 최근 K-드라마의 글로벌 인기 요인에는 넷플릭스의 글로벌 OTT 매체 특성도 크게 작용한다. 넷플릭스는 기존의 지리적, 국가적 개념의 문화적 근접성보다는 오히려 세분화된 개인적 취향을 더 중요하게 취급하고 있다. 이미 초세분화된 수용자 취향 데이터에 근거하여 개인화된 프로그램 추천을 하고 있다. 또한 동시적이고 즉각적인 글로벌 스트리밍으로 새로운 인기 요인들이 추가되고 있다. 예를 들면, 동시 공개·동시 공유로 인한 실시간적 공감과 교류(즉각적으로 SNS나 리뷰 사이트, 랭킹 사이트를 통해 수용 경험을 공유) 등이다.

이런 변화 속에서 최근 넷플릭스 K-오리지널의 글로벌한 인기를 설명하는 주요 개념으로 '장르 근접성(genre proximity)'이 강조되고 있다. 최근 인기를 끈 넷플릭스 오리지널 K-드라마는 이미 초국가적으로 데스 게임, 좀비물, 스릴러 등의 장르 문법에 익숙한 글로벌 관객들에게 친근하게 다가갈 수 있는 글로벌 장르 문법을 바탕으로, 한국적 특수성을 가미한 작품들이라는 점이다. 이런 장르 근접성 논의에서 한 발 더 나아가 진달영(Jin, 2023)은 최근 글로벌 OTT 환경에서는 기존의 '문화적 근접성' 개념을 '초국가적 근접성(transnational proximity)'으로 대체해야 한다고 주장하고 있다.

그러나 이 장의 유형별 논의에서처럼 한국 드라마의 글로벌 인기는 각양각색의 드라마에 따라 그 인기 판도도 다르게 나타난다. 그런 의미에서 현재 서구권을 포함하여 전 세계적 인기를 누리는 'K-드라마'와 기존의 한류 전통을 잇는 '한류 드라마'를 구분해서 논의하는 것이 더 타당하다는 주장(이상원, 2021.12.15)도 되새겨볼 필요가 있다. 넷플릭스 K-장르물의 경우, 전 세계적(비아시아권 포함)으로 인기가 높은 데 비해, 기존의 한류 드라마 유형의 경우, 여전히 아시아권내에서의 높은 인기로 문화적 근접성 논의와 연관해볼 수 있다.

양수영(2022)은 최근 인기 한국 드라마 유형을 전 세계 흥행 한국 콘텐츠, 한국 및 아시아권 동시 흥행, 아시아권 흥행 한국콘텐츠로 분류 논의한다. 글로벌 OTT가 제작하여 전 세계적으로 홍보, 배급하는 K-장르물은 비아시아권에서도 인기가 높은 편이고, 그 이유는 한국의 문화적 특수성에 대한 이해가 크게 수반되지 않는 '저맥락의 보편성 높은 이야기'가 상대적으로 높은 인기를 얻고 있기 때문이다.[13]

그러나 넷플릭스의 초국적 콘텐츠 소구 전략에서 나타나는 장르적 보편성과 문화적 특수성의 이중적 상품화 과정에 대한 비판적 논의도 등장한다. 강혜원·이성민(2022)은 단선적인 문화적 할인 논의를 넘어서서 장르

13 어수웅(2021.10.12)은 영어를 모국어로 사용하지 않은 국가의 대중문화가 세계를 노릴 때 핵심열쇠를 하이 콘셉트(high concept), 로우 콘텍스트(low context)라고 설명한다. 〈오징어 게임〉의 주제는 자본주의 사회의 치열한 경쟁과 불평등이었다. 하이 콘셉트이다. 하지만 이를 표현하는 맥락은 초등생도 직관적으로 알 수 있는 동심의 게임들이다. 언어에 의존할 필요 없는, 특별한 설명이나 기초 지식은 필요 없는 로우 콘텍스트다.

중심의 공감과 지역 기반의 특수성 상품화라는 복합적 교섭으로서 로컬 콘텐츠 생산 및 유통 문제를 주목한다. 예를 들면, 글로벌 영상유통에 관한 기존의 관점에서는 고맥락적 문화요소(즉 문화적 특수성)가 문화적 할인을 가져올 수 있는 요소로 여겨지나, 〈오징어 게임〉은 역설적으로 한국만의 특수한 문화적 자원을 상품화함으로써 이미 '데스 게임'이라는 장르 관습에 익숙한 글로벌 관객에게 차별성있는 영상 서사로 소구할 수 있었다는 것이다.

비슷한 맥락에서, 〈킹덤〉, 〈지금 우리 학교는〉과 같은 좀비 장르물에서도 한국 사회에서 통용되는 고맥락의 문화적 코드를 소재적 차별점으로 활용해서 기존 장르 팬덤에 어필하는 전략이 활용되었다. 〈오징어 게임〉의 성공은 전통적인 '국경' 중심의 문화적 할인이 '취향' 중심의 소비집단에서는 훨씬 약하게 나타날 수 있으며, 이러한 접근이 실제 글로벌 흥행에서 성공적일 수 있음을 증명해낸 사례다. 즉 기존의 지리적으로 구성되어 있던 문화적 영토라는 관념에 대한 재해석의 가능성을 제기한다. 〈오징어 게임〉은 취향 기반의 영토가 국가 권역의 경계보다 더 넓은 소구력을 가질 수 있음을 보여주고 있다(강혜원 · 이성민, 2022).

다양한 종류의 한국 드라마 유형이 각기 다른 특성을 갖고 같은 영토, 혹은 같은 취향을 가진 집단에서 다른 종류의 소구력을 발휘할 수 있다. 그러나 다른 한편으로는 취향 집단의 차이점에도 불구하고, 국가적 차원의 장르 취향과 문화적 선호도를 공유하고 있음도 확인할 수 있다. 즉, 한국 드라마를 즐기는 사람들의 취향과 선호도는 여전히 권역별, 국가별 차원의 공통분모를 갖고 있는 것이다. 매체는 글로벌하지만, 취향은 여전히 로컬한 측면이 많다. 그런 의미에서 초국가적 OTT 플랫폼 환경에서도 기존 문화적 근접성 개념의 설명력이 완전히 사라지지는 않는 것으로 보인다. 따라서 '문화적 근접성'과 초국가적 K-드라마에 대한 '장르 친숙성'이 개인, 국가, 권역, 글로벌 차원에서 복합적으로 작용하는 과정을 좀 더 깊이있게 탐구할 필요가 있다.

마지막으로 이 장의 분석에서는 다루지 못했지만, 최근의 한국 드라마의 글로벌 인기도는 아래 자료를 통해 확인할 수 있다. 넷플릭스는 '인게이지먼트(시청현황) 리포트'(2023.12.13일자)를 통해 넷플릭스 제공 18,000여 편 작품의 약 1,000억 시간에 달하는 시청시간에 대한 상세 정보를 제공했다. 이 가운데 2023년도 상반기 넷플릭스 순위권 100위 내에 든 한국 드라마 리스트는 다음과 같다.

표 11 2023년 넷플릭스 글로벌 100 순위 내 한국 드라마 (1~6월)

2023년				
순위	제목	채널	개봉 연도	장르
9	더 글로리 : 시즌 1 (The Glory : Season 1)	Netflix	2023	드라마, 미스터리, 스릴러
22	일타 스캔들 (Crash Course in Romance)	tvN	2023	코미디, 드라마, 로맨스
31	닥터 차정숙 (Doctor Cha)	JTBC	2023	드라마
47	환혼 : 파트 1 (Alchemy of Souls : Part 1)	tvN	2022	판타지, 로맨스, 액션
51	철인왕후 (Mr. Queen)	tvN	2020	코미디, 판타지, 로맨스
53	환혼 : 파트 2 (Alchemy of Souls : Part 2)	tvN	2022	판타지, 로맨스, 액션
55	나쁜엄마 (The Good Bad Mother)	JTBC	2023	코미디, 범죄, 드라마
57	사냥개들 (Bloodhounds)	Netflix	2023	액션, 범죄, 드라마
65	이상한 변호사 우영우 (Extraordinary Attorney Woo)	ENA	2022	법정, 드라마
77	사내맞선 (Business Proposal)	SBS	2022	로맨스, 코미디

2023년				
순위	제목	채널	개봉 연도	장르
79	사랑의 불시착 (Crash Landing on You)	tvN	2019	드라마, 코미디
82	퀸메이커 (Queenmaker)	Netflix	2023	드라마
96	연애대전 (Love to Hate You)	Netflix	2023	코미디, 로맨스

출처 : https://about.netflix.com/ko/news/what-we-watched-a-netflix-engagement-report

제8장

K-드라마 스토리텔링의 매력

소설 〈연금술사〉로 유명한 브라질의 작가 파울로 코엘료는 〈나의 아저씨〉(2018)를 넷플릭스를 통해 보고 나서 2020년 10월 자신의 트위터에 다음과 같은 글을 올렸다. "〈나의 아저씨〉는 '인간의 조건을 완벽하게 묘사한 작품'이며, '탁월한 각본, 환상적인 연출, 최고의 연기'에 찬사를 보낸다." 〈오징어 게임〉을 포함한 넷플릭스 오리지널 K-장르물의 팬임을 자처하는 적극적인 외국 수용자들도 많이 늘었다. 앞서 7장에서 논의했듯이 한국 드라마의 유형은 매우 다양하고, 이에 따라 글로벌 인기 요소도 다르다. 그렇지만 K-드라마 스토리텔링의 매력을 크게 4가지로 추려볼 수 있다. 첫째, K-장르물의 디스토피안 스펙터클, 둘째, 한국 로맨틱 코미디물에 나타난 여성 서사의 진화, 셋째, 일상드라마에 나타난 평범한 일상의 위대성, 그리고 마지막으로 한국 가족 이야기의 변화이다.

한국적 디스토피아의 스펙터클

최근 인기있는 넷플릭스 오리지널 K-드라마는 좀비, 데스게임, 복수물 등 어두운 장르물이 많다. 그리고 대부분 어두운 오리지널 드라마는 한국적 디스토피아를 배경으로 한다.[1] 〈오징어 게임〉과 관련한 수많은 국내외 보도에서 아마도 가장 많이 등장하는 단어가 있다면 그것은 바로 '디스토피아', '자본주의 병폐', '계급 양극화', '생존 경쟁' 등일 것이다. '디스토피안 코리아' 그것이 이제 한국 넷플릭스 오리지널 K-장르물의 하나의 전제 혹은 세계관이 되어 가고 있다.

이는 현재 한국 사회의 '정서구조'와 무관하지 않다. 다른 나라보다 훨씬 빠른 속도로 경제적 발전을 이뤘지만, 많은 한국 사람들은 스스로 행복하다고 느끼지 않는다. 낮은 행복지수, 높은 자살률, 우울증 지수가 이를 말해주고 있다. 한 마디로 지나친 경쟁과 스트레스가 일상이 된 '고도 불안' 사회의 전형적 모습이다(윤석만, 2023.8.11). 그리고 이런 고도 불안을 부추기는 것이 한국의 지나치게 편리하고 빠른 인터넷과 과도한 SNS 문화이다. SNS에서 물질적 '쇼윈도 행복' 과시로 사회 양극화와 상대적 박탈감을 확대시킨다. 온라인상에서 양극화된 정치적 견해와 악플 문화가 사회 전체를 황폐하게 만들고 있다.

거기다 한국인이 갖고 있는 집단 트라우마도 한 몫 한다. 세계 어느 나라도 이루지 못한 경제성장을 단기간에 이뤄내면서 기초공사가 제대로

1 임종수(2023)는 플랫폼 자본이 이 땅에서 선택한 서사가 버림받은 백성, 신자유와 물질만능주의, 붕당을 통한 권력세습, 감시사회라는 것이 자못 의미심장하다고 말하면서, 한국을 대표하는 OTT 서사극은 바로 그런 호모 사케르의 분투를 그려내고 있다고 주장한다(p.48).

안된 한국 사회의 부실함이 어이없는 재난 사고로 압축적으로 드러나고 있다. 삼풍백화점 붕괴, 세월호 침몰, 최근의 이태원 참사까지,

물론 여기에서 끝나는 것은 아니다. 한국 디스토피안 드라마의 또 하나의 특징이 있다면 '사회 비판(social commentary)'이 꼭 등장한다는 점이다. 때로는 직설적으로 때로는 암울한 판타지나 우화적 블랙유머의 형태로 표현된다. 실제로 한국 드라마가 서구인에게 '쿨'하게 받아들여지게 된 것은 〈기생충〉의 등장 이후부터라는 주장도 있다. 계급문제에 대한 알레고리가 한국적 맥락에서 세련된 블랙유머로 잘 표현되었기 때문이라는 것이다. 한국 영화는 국가적 불안의 복합적 탐구로 유명하다. 이런 사회파 영화와 드라마는 사회적 불평등, 계급 위계질서, 그리고 권력의 남용 등과 같은 사회 부정의를 비판, 고발한다.

자본주의의 모순, 생존의 각박한 현실, 빈부격차는 한국만의 문제는 아니다. 특히 2008년 세계 금융위기 이후 경제적 불안감과 절망감은 전 세계적 현상이다. 그런데, 유난히 한국 사회에 유독 이런 디스토피안 정서가 두드러지게 나타나는 이유는 무엇일까. 서구 사회가 오랜 시간에 걸쳐 서서히 경험한 자본주의의 모순을 한국 사람들은 더 짧은 시간에, 더 강렬하게 경험한 것이다. 그리고 굴곡진 한국 근현대사는 한국인들에게 트라우마를 남겼으며, 한국의 영화, 드라마 창작자들은 이를 직·간접적으로 경험한 세대들이다.

한국적 디스토피아의 글로벌 어필

한국적 디스토피아는 글로벌 관객들에게 보편적으로 어필하는 특성들이 있다. 한국의 소셜 디스토피아는 한국만의 디스토피아가 아니다. 전 세계인 모두가 같은 디스토피아 속에 있다는 공감대를 자극한다(Yoon &

그림 10 〈오징어 게임〉, 〈지옥〉, 〈지금 우리 학교는〉 장면들

출처: 넷플릭스 제공

Martin, 2021.10.4). 한국의 로컬 스토리는 이전의 사회파 영화 전통에서부터 글로벌 관객들이 공감할 수 디스토피아 정서를 잘 표현해왔다. 그것이 서바이벌 데스 게임물이든, 좀비물이든, 크리에이쳐물이든 한국 넷플릭스 오리지널의 극도의 생존 서사는 글로벌 관객들에게 특별하게 가닿는 정서가 있었다. 특히 코로나 19 팬데믹의 암울한 상황 속에서 글로벌 관객들은 넷플릭스 오리지널 K-드라마의 강렬한 생존 서사와 그 속에서 고통받는 캐릭터들에게 적극적인 공감과 연대감을 보였다.

〈오징어 게임〉의 해외에서 폭발적 인기 원인으로 가장 공통적으로 얘기되는 것이 바로 글로벌 보편적 주제와 한국 사회 특수성의 적절한 조합이다. 극심한 빈부 격차, 생존 경쟁, 가계 빚 등은 전 세계 많은 사람들이 공감할 수 있는 주제이다. 거기에 이미 잘 알고 있는 데스 게임 장르물에 대한 친숙성에 새로운 로컬적 요소가 '익숙한' 새로움을 제공했다는 것이다. 특히 〈오징어 게임〉의 경우는 '부조리함'과 '공감연계성(relatability)'이 절묘한 조화를 이뤘다. 물론 여기에는 독특한 시각적, 청각적 요소들과 탁월한 연출력도 한 몫 했다.

드라마의 세팅은 매우 부조리한데, 그 기본 콘셉트는 쉽고 설득력 있게 잘 다가온다는 것이다. 서바이벌 게임이 일어나는 세팅은 매우 비현실적이며 서양 관객들이 이해하기 어려운 사회맥락적 요소들이 있음에도 불구하고, 그 상황 속에 놓인 캐릭터들에 대해서는 충분히 공감할 만한 연계성이 있다는 말이다.

흥미로운 점은, 한국의 디스토피아 드라마가 이렇게 부조리하고 비현실적일수록, 오히려 사회 맥락성에 대한 이해가 크게 문제가 되지 않는다는 점이다. 예를 들면, 〈오징어 게임〉에서 인위성을 과장되게 드러내는 게임 공간과 소품들, 그리고 〈지옥〉, 〈지금 우리 학교는〉과 같은 호러 판타지나 좀비물은 외국 관객들이 사회적 맥락을 이해하지 못해도 공감하기 쉽다. 그러나 〈소년심판〉이나 〈비밀의 숲〉과 같이 한국의 독특한 법제도나 권위적 검찰 문화, 부정부패 등이 강조될 경우는 오히려 글로벌 관객들이 공감할 연결점을 찾기 어렵다는 것이다.

〈더 글로리〉의 경우 세계적인 히트작이지만 외국에서는 학교폭력의 문제가 학교나 제도적 차원에서 해결되지 못하고 개인적 복수를 통해 일종의 '정의실현' 되는 상황을 이해하기 힘들다는 반응이 나타나기도 했다. 즉, 지나치게 한국적 사회문화적 맥락성이 강조되는 디스토피아 드라마의 경우에는 오히려 글로벌 관객들에게 쉽게 다가가기 힘들다.

디스토피아 세계의 도덕적 고민

한국적 디스토피아 장르물에는 할리우드에서는 볼 수 없고, 한국 드라마에서만 보여줄 수 있는 독특한 분위기가 있다고들 한다. 〈킹덤〉이 공개되었을 때, 〈킹덤〉을 14세기 조선을 배경으로 한 한국판 〈워킹데드〉로 소개하면서, "한국의 좀비 드라마는 도덕적 고민을 담고 있다"라는 평이 나왔다. 그 콘셉트는 비슷하지만, 서양의 좀비영화와 달리 한국의 전통적 가치인 못사는 백성들에 대한 연민, 공동체 의식, 아이들에 대한 부모의 희생 등이 강조되고 있다는 것이다. 사회파 혹은 사회 이슈 전통의 한국 영화에서처럼 한국 드라마는 계급문제, 사회 비판 등의 도덕적 고민을 하고 있다(Lee, 2019).

또한 호러, 좀비 물에서도 위험과 갈등은 외부 상황이 아니라 자기 자신 내부, 혹은 사회 전체의 도덕적 문제와 갈등으로 발전한다. 〈스위트홈〉에서도 온갖 사회의 문제와 부조리들(학교폭력, 가정폭력, 갑질문화, 독거노인, 장애)이 괴물로 형상화되는데, 이 가운데 가장 중요한 것은 자기 내부의 욕망이 자신을 괴물로 만든다는 독특한 설정이다. 〈오징어 게임〉에서도 많은 사람들이 주목한 에피소드 〈깐부〉 편에서 자신의 생존을 위해 인간적 신뢰를 버리는 장면들이 있다. 마지막 에피소드의 마지막 장면도 인간의 선의에 대한 '내기'이다. 즉, 갈등의 초점은 외부의 적과 위협에서 자기 자신과 집단 내부의 도덕적 문제로 발전하게 되며, 결국 '인간으로 살아남는 것이 무엇인가'하는 문제와 연관된다.

한국 디스토피아 드라마에서 강렬한 파토스를 불러일으키는 또 하나의 요소는 주요 캐릭터가 매우 절망적 상황에 처한 사회적 약자들이라는 점이다. 〈오징어 게임〉의 경우, 이혼한 무직의 중년남자 성기현, 서울대 출신이지만 빚에 몰린 조상우, 탈북자 강새벽, 이주노동자 알리 등 한국 사회의 마이너리티에 속하는 캐릭터들이 주요 등장 인물이다.

특히 고등학생 캐릭터들이 많이 나온다. 〈지금 우리 학교는〉의 경우 주인공 남녀 고등학생은 평범한 가정 출신이지만, 좀비 바이러스의 원인이 되는 왕따 학교폭력 희생자, 기초생활수급자, 우수한 학업 성적을 가졌지만 성적 중심의 고등학교에서 자기 안에 고립된 인물 등이 등장한다. 한국에서 고등학생이라는 존재는 치열한 입시경쟁 속에서 일종의 '좀비'와 같은 존재라는 메시지를 넌지시 던져주고 있다. 〈스위트홈〉의 주인공 차현수 역시 고등학교에서 자퇴하고 자살을 시도한 왕따 고등학생이며, 여고생인 이은유도 발레리나의 꿈을 현실에서 펼치지 못하는 인물로 나온다. 〈인간수업〉의 주인공 오지수 역시 가난한 집안 환경에서 온라인 성범죄 알선업에 노출된 인물로 등장한다. 〈D.P〉에서도 병역의 의무가 있는 대한민국 남성은 억압적 군대문화의 일종의 희생양이다. 탈영병이나 군폭력 희생자뿐 아니라, 이를 쫓는 헌병대 D.P. 역시 억압적 군대 조직의 희생자로 그려진다.

이렇게 다수의 캐릭터들이 일종의 사회적 약자이자 희생자이지만, 극한의 절망적 상황 속에서도 최소한의 인간성을 지키려는 노력으로 변모, 성장한다. 물론 드라마 속 빌런들 역시 인간적 얼굴을 한 모습을 보여주기도 한다.[2]

압력밥솥 같은 세팅 & 가난의 스펙터클화

K-장르물에서 표현하는 한국적 디스토피아는 매우 절망적 상황임에도, 이상한 생동감과 신선함이 있다. 마치 압력밥솥 같이 밀집되고 폐쇄된 세팅 속에서 긴장감과 동시에 역동성이 존재한다. 대부분 드라마의 메인 세팅은 낡고 고립된 빈민 아파트(〈스위트 홈〉), 고등학교 건물(〈지금 우리학교는〉, 〈인간수업〉), 폐쇄된 게임공간과 공동숙소(〈오징어 게임〉), 군대 막사(〈D.P.〉)이다. 한편 주인공 캐릭터들의 사적 공간으로는 주로 외곽의 허름한 아파트 내부나 재래시장 등이 등장한다. 〈기생충〉 이후, 한국의 '반지하'가 외국에서 신조어 'Banjiha'를 만들어낼 정도로 독특한 한국적 빈곤의 상징이 되고 있다. 실제로 이같이 찢어지게 가난하고, 지독하게 폐쇄적 군대 공간 등은 한국적 디스토피아 상황을 더 스펙터클하게 만든다.

물론 이런 한국 디스토피아 드라마나 사회파 영화들의 일련의 표현 방식이 한국의 디스토피안 현실이나 코로나 19의 암울한 상황을 그대로 반영했다고 설명하는 것은 지나치게 단순화된 시각이다. 홍콩의 네오느와르 영화가 홍콩 반환을 앞둔 홍콩인의 불안 심리를 반영했다고 주장하는

2 대표적 사례가 〈인간수업〉의 이실장같은 인물이다. 성매매 알선업의 경호를 맡는 막장인물이지만, 부모가 없는 지수에게는 마치 아버지와 같은 부성애를 보여준다. 〈오징어 게임〉에서도 조상우는 게임에 이기기 위해 비열하고 잔인한 행동도 많이 하지만, 마지막에 자살하면서 인간적인 동정심을 불러일으킨다. 특히 남은 자신의 엄마를 성기훈에게 부탁하는 장면에서 인간적 측면이 강조된다.

것이 지나치게 단순화된 시각이라는 지적도 있다. 홍콩 네오느와르의 어두운 색조는 열악한 제작환경으로 밤에 촬영해야만 하는 제작적 현실에서 나왔다는 것이다(Sun, 2021).

한국 사회가 어둡고 우울한 사회적 불안감을 갖고 있는 것은 사실이다. 그러나 단순히 외부 사회 상황을 그대로 반영한다기보다는, 여러 가지 제작 여건의 한계 때문에 생긴 스타일적 관습일 수도 있다. 또한 한국의 사회파 영화와 드라마의 텍스트 미학적 스타일이 반영된 것일 수 있다. 또한 여기에 웹툰 드라마 원작의 초기 시각적 이미지와 스타일이 영향을 미친 부분도 엿보인다.

최근 이런 한국의 디스토피안 드라마의 밀집된 환경이 더 거창하고 화려한 세팅으로 바뀌면서 오히려 원래의 신선한 생동감과 매력이 반감된다는 지적도 적지 않다. 예를 들면 〈스위트 홈〉 시즌 2에 대한 혹평, 〈경이로운 소문〉 시즌 2가 소박한 국수집에서 큰 대형건물 창고로 바뀠을 때 오히려 본래의 신선함이 사라졌다는 지적이다.

한편, 한국인들에게 피부에 와닿는 어떤 장면들도, 멀리서 바라보는 외국 관객들에게는 수잔 손탁이 말한 '타인의 고통'처럼 멀리 있는 기이하고 독특한 볼거리(스펙터클)로 느껴질 수도 있을 것이다.[3] 〈오징어 게임〉에서 논란이 되었던 부분이 바로 서바이벌 게임을 관람하는 서구의 VIP 관람객들이다. 현재 K-장르물에 늘 등장하는 〈헬조선〉의 정경들이 어쩌면 서구 관객들에게 하나의 색다른 가난과 고통의 스펙터클로 소비되고 있는지 생각해 볼 문제이다.

3 손희정(2022.9.24), 김로자(2020.2.11) 참고

로맨틱 코미디의 여성 서사 진화

한류 이후 외국에서 한국 드라마 팬덤을 얘기할 때 빠질 수 없는 인기 장르는 바로 로맨틱 판타지다. 서구에는 없는 순수하고 현실에는 없을 것 같은 완벽한 남자 주인공과의 로맨틱한 사랑에 대한 팬덤 연구들도 많이 나왔다(Lee, 2018). 그러나 이런 비현실적 판타지와 한국 로코 장르의 클리셰 등으로 서구에서는 한국 로맨틱 드라마를 다소 경시하는 경향도 있었다.

로맨스란 어찌보면 초국적 미디어 흐름에서 가장 이질감없는 그야말로 초지역적, 초시간적 주제가 될 수 있다. 실제로 로맨스는 대부분 TV 드라마나 소프오페라의 전형이고, 이것은 국경에 상관없이 잘 받아들여진다(Bielby & Harringon, 2008). 에바 일루즈(Illouz, 1997)는 로맨스란 자본주의 포스트모던 세계에서 미디어와 소비 문화가 '제조해 낸 개념'이라고 말한다. 유토피아를 갈망하며, 일상의 단조로움과 공간적 제약을 뛰어 넘을 수 있게 만들어졌다는 것이다. 따라서 로맨스는 '일상에서 벗어난 개인적인 경험으로의 일종의 여행'이다(p.119). 더 중요한 것은 로맨틱 러브란 일종의 이데올로기적 상징적 구성물인데, 이는 사회 경제적 이익에 우선하는 감정의 특권, 축적을 위한 약탈이 아닌 풍족함을 준다. 한국 로맨스물에 나타나는 '로맨틱 유토피아' 내러티브는 한국 드라마의 클리셰로 유치하다는 비판을 받기도 하지만, 동시에 비현실적인 환상을 채워준다는 점에서 사랑받기도 한다.

최근 들어 이런 한국의 로맨스물이 진화하고 있다. 한국 드라마는 기본적으로 여성 서사이다. 특히 최근의 트렌디한 로코물은 여성 캐릭터들이 더 현대적 매력을 지닌 독립적 여성으로 묘사하고 있다. 〈사랑의 불시착〉,

〈이태원 클라쓰〉, 〈사이코지만 괜찮아〉 등에서 여성 캐릭터는 독립적이고 강하다. 로맨스 속에서 스스로 삶을 결정하거나 오히려 남성이 처한 위기를 해결해주기도 한다.

진화한 로맨틱 코미디물 가운데 대표적 작품이 〈사랑의 불시착〉이다. 전 세계적인 인기를 누리고 있지만, 특히 일본에서 각별한 인기를 보여주고 있다. 기존의 한류 드라마 팬덤을 넘어서 진화된 '퀄리티 한국 드라마'의 대표작으로 손꼽힌다. 박소정·장인희·홍석경(2021)의 연구에서는 최근 몇 년 사이 제작된 한국 드라마들을 넷플릭스를 통해 접하면서 일본 시청자들이 한국 드라마에 갖고 있던 인식이 많이 바뀌었다고 한다. 특히 과거 '한류 드라마'와 달리 새로운 '한국 드라마'가 노스탤지어적으로 소비되지 않고 트렌디한 것으로 인식되는 것은 한국 드라마가 질적 우수성 차원에서 신뢰할 만한 콘텐츠로 평가되고 있는 것으로 볼 수 있다. 이런 인식 변화에 큰 역할을 한 것이 바로 〈사랑의 불시착〉이다.

안지윤(An, 2022)의 논문에서는 글로벌화된 새로운 K-드라마를 'K-드라마 2.0'이라고 부르며, 그 대표적 작품으로 〈사랑의 불시착〉을 상세히 분석하고 있다. 새로운 K-로맨스가 기존의 한국 로맨스물과 차별화하는 3가지 전략을 다음과 같이 설명하고 있다. 첫째로 K-로맨스의 전형적 트로프(trope)가 포스트-페미니스트적인 수용자의 가치를 영리하게 흡수하면서 글로벌 수용자의 눈에 로맨틱 코미디 장르가 새롭게 '깨어나는' 느낌을 전달하고 있다. K-로맨스 2.0의 특징은 현대적이고 독립적인 여성 주인공이다. 특히 기존 한류 로맨틱 드라마에 반복적으로 등장하는 트로프를 새롭게 재탄생시키고 있다. 전형적 한국 K-드라마의 트로프는 남성의 도움을 필요로 하는 '곤경에 빠진 여주인공(the damsel-in-distress)'이다.

〈사랑의 불시착〉의 세리 역시 이런 여주인공 중 하나이다. 스스로 역경을 빠져나갈 역량은 없는 처지이고, 북한 대위인 남주인공에게 북한으로부터의 탈출을 의지해야 하지만, 그녀는 기존 K-드라마의 수동적 여주인공과는 다른 모습을 보여준다. 처음 사고로 DMZ에 불시착한 순간부터 세리는 자신을 구해준 리정혁 대위를 유쾌하게 놀리는 모습을 보여준다. 이 첫 장면부터 세리는 순발력 있고, 대담한 캐릭터로 자리매김한다. 적극적인 관계 주도자로서의 여성상을 보여주고 있는 것이다. 곤경에 처한 여성 트로프는 젠더 평등성을 갖춘 관계로 업데이트된다. 일종의 페미니스트적 재작업의 결과이다. 이 밖에 여러 전형적 트로프도 자연스럽고 리얼리스틱하게 표현된다.

두 번째로는 기존의 다른 K-드라마에 대한 상호텍스트적 레퍼런스를 통해 기존 한류 팬들 사이에 교류의 즐거움을 증대시키고 있다. 북한병사(김주억)의 〈천국의 계단〉 최지우에 대한 로열티 팬덤과 최지우의 카메오 출연으로 성사된 북한병사와의 만남, 〈은밀하고 위대하게〉의 김수현의 카메오 출연, 주인공 현빈이 출현했던 〈알함브라 궁전의 추억〉의 배경음악이 정혁과 함께 나오는 장면 등이다.

세 번째는 20년 전부터 한국 영화의 전략으로 이용된 한국 남북한 분단상황을 드라마 내러티브에 잘 혼합하면서, 시네마틱한 한국의 비주얼들을 잘 활용했다는 점이다(An, 2022, p.131). 최초의 한류 블록버스터 영화인 〈쉬리〉(1999) 이후로 한국 영화는 할리우드와 타국 영화와의 차별성을 강조하기 위해 한국 역사에 대한 '공유된 감각'을 활용해왔다(Choi, 2010, p.35).

20년 전 한국 영화와 같이 최근의 한국 드라마 역시 할리우드 스타일 스펙터클을 한국적 특수성과 잘 혼합시키고 있다. 〈로미오와 줄리엣〉 내러티브를 분단 상황으로 방해받는 러브스토리로 한국화시켰다. 〈사랑의

그림 11 〈사랑의 불시착〉의 장면들

출처: tvN 제공

불시착〉의 또 다른 인기요소로 언급되는 것이 마치 동화같이 아기자기한 북한 마을의 모습과 한국적 특성들이다. 한국적 정체성을 은유하는 자연 풍경, 국경선 근처 북한마을의 따뜻한 정경, 전통적 한국 주택의 지붕, 감나무, 장독대 씬 등이다. 이런 시각적 스펙터클화는 〈미스터 션샤인〉에서 개화기의 한국 모습을 시각적인 스펙터클로 구성해내는 전략과도 흡사하다.

평범한 일상의 위대함

최근 한국 드라마 가운데 의외로 글로벌 시장에서 높은 인기를 끌고 있는 장르가 있다. 바로 일상적인 삶을 다루는 일상물 드라마(slice-of-life)이다.[4] 기존 로맨틱 드라마의 비현실적 판타지와는 다른 새로운 형태의 일상성을 조명하는 드라마인데 한국에서는 2010년 대 이후 케이블 드라마를 통해 발전되었다.[5] 실제로 '일상물(slice of life)'이라는 용어는 주로 서구권에서 일본 애니메를 지칭하는 용어였는데, 최근에는 한국의 일상물 드라마가 또 다른 주목을 받고 있다. 〈갯마을 차차차〉, 〈나의 아저씨〉를 포함하여 〈나의 해방일지〉까지 한국적 일상성을 밀도있게 그려낸 한국 드

4 'Slice-of-LIfe'라는 표현은 프랑스의 자연주의 극장 드라마에서 나타난 것으로, 주로 개인의 평범한 일상을 다루는 특징이 있는데, 현대적 용어로는 일상의 캐릭터와 사건을 중심으로 다루는 '느슨한' 내러티브를 의미한다.

5 이는 당시의 시대적 맥락과도 연관된다. 2010년 중반쯤 대한민국의 일상적인 삶에 대한 독특한 감정 구조가 나타나기 시작했다고 볼 수 있다. 이 기간 '삼포세대', '일상적 가난 위기'가 언론에서 많이 다뤄지기 시작했고, 2015년부터는 '헬조선'이라는 용어가 유행하기 시작한다.

라마가 인기를 얻고 있다.

특히 주목을 받는 〈갯마을 차차차〉는 2022년에 이어 2023년에서도 글로벌 인기 순위에 계속 오르고 있다. 그리고 직장 로맨스물인 〈사내맞선〉도 꾸준한 인기를 누리고 있다. 밝은 에너지로 일상의 소소한 이야기에 사람들은 힐링을 느낀다. 장르 자체가 글로벌 보편성을 갖고 있기도 하지만, 한국적 일상을 그려내는 섬세한 연출이 글로벌 인기 요인이라고 볼 수 있다.

그간 지나치게 자극적이고 복잡하고, 스피디한 드라마에서 피로감을 느낀 관객들에게 어떤 여백을 선물했다고도 볼 수 있다. 이전의 멜로드라마적 신파와는 다른 일상성에서 잔잔한 감동을 일으키는 작품들이 외국 수용자들에게 깊은 공감을 얻고 있다. 〈나의 아저씨〉를 보고 '현명하고 신선하다. 이 드라마를 보고 감동으로 이틀을 보냈다'는 시청자 리뷰도 있었다. 한국의 일상 드라마의 어떤 측면이 그런 감동을 준 것일까.

유안(Yuan, 2023)은 글로벌 시대의 탈식민적인 제3의 공간으로 K-드라마의 '멜로드라마적 평범성'(멜로드라마적 일상성) 개념을 제시하고 있다. 여기서 멜로드라마적 평범성은 글로벌 영역에서 새로운 혼종화된 한국 TV의 서사모드를 말한다. 사실 이런 멜로 드라마적 일상성은 한국에서는 tvN, JTBC 등의 케이블 TV 드라마에서 한국 수용자들을 대상으로 제작된 것들이다. 한편 글로벌 수용자를 대상으로 전략적으로 기획, 제작된 넷플릭스 오리지널은 한국적 요소를 감안했다고는 하나, 기본적으로 미국화된 내러티브를 사용한다.

한국에서 이런 멜로드라마적 평범성을 가진 일상드라마의 시작은 〈미생〉이었다. 〈미생〉은 그간의 한국 드라마와는 다른 일상적 샐러리맨 영웅을 그려낸 새로운 감성의 드라마였다. 수많은 샐러리맨들의 일상적 어려움을 현실적으로 묘사해 '회사원의 성경'으로 불리기도 한다. 〈미생〉은 평범해 보이지만, 결코 평범하지는 않은 '인간 감정과 감정의 응답에서 과장된 상승과 하락 패턴'을 압축적으로 보여준다는 점에서 멜로드라마적 특성을 갖고 있다. 예를 들면, 에피소드#4의 신입사원 프레젠테이션 평가에서 심리적 위기의 신속한 상승, 승패의 순간의 반전을 통한 긴장, 슬픔 및 공감을 느끼게 하는 적절한 감정적 반응을 조율한다.

그러나 〈미생〉과 같은 일상드라마는 고전적인 멜로드라마와는 달리 이를 담담하게 표현한다. 드라마 흐름은 일상적인 직장 생활 루틴—파일 정리, 제안서 작성, 발표 준비 등—평범한 근로자들의 일상을 보여주지만, 여기에 신자유주의와 계급적 위계질서의 비인간화 과정에 대항하는 평범한 히어로의 모습이 담겨 있다. 〈이번 생은 처음이라〉, 〈나의 아저씨〉에 대한 사례 연구들도 멜로드라마적 평범함이 일상적인 사소한 사건에 중점을 두어 퍼져나가는 구조를 보여주며 일상적인 루틴이 광범위한 억압적인 힘에 대항하는 저항의 수단이 되는지를 설명하고 있다(Yuan, 2023).

〈나의 아저씨〉에서 사무실에서 슬쩍한 맥심커피를 몇 개씩 타 먹는 지안이가 할머니에게 달을 보여주기 위해 마트 카트에 태우고 달리는 장면, 하루 몇 시간씩 지하철을 타고 출퇴근해야하는 인-서울이 목표인 〈나의 해방일지〉의 삼남매, 〈웰컴 투 삼달리〉에서 '마음 속에 천불이 나서' 빨간 내복을 입고 동네를 뛰는 삼달이 엄마 미자. 우리 드라마에는 그런 평범한, 아니 어쩌면 매우 운수 나쁜 인생을 살아내고, 견뎌내야 하는 사람들이 눈물나게 위대하게 느껴지는 순간들이 많다. 그런 순간들을 만들어내는 것이 그동안 오래 축적되어온 한국식 멜로 일상성의 힘이 아닐까.

그림 12 〈갯마을 차차차〉, 〈나의 아저씨〉, 〈나의 해방일지〉 장면들

출처 : tvN, JTBC 제공

가족 이야기의 균열과 재탄생

한국 드라마의 모든 장르에서 빠지지 않고 등장하는 것이 바로 가족 이야기이다. 한국 드라마 핵심적 이야기 축을 구성하는 것이 바로 가족이다. 신파 멜로 드라마에서도 좀비극에서도 끔찍한 복수극에서도 언제나 가족이 중심이 된다. 〈재벌집 막내아들〉이라는 드라마 제목이 말해주듯이, 한국 드라마에서 가족은 곧 출생으로 결정되는 계급이다. 〈지금 우리 학교는〉에서 나오는 임대주택과 고급빌라에 사는 학생들, 〈더 글로리〉에서 빈부에 의해 결정되는 학교 내 친구관계와 사뭇 다른 가정의 풍경들. 심지어 14세기 조선을 배경으로 한 〈킹덤〉도 못 먹는 백성이 좀비로 변하고, 이에 대한 세자의 고뇌는 군주와 백성의 관계가 곧 밥을 먹이는 어버이와 자식의 관계라는 전제를 깔고 있다.

모든 갈등의 원인이자, 해결책도 결국 가족의 이야기로 귀결된다. 이는 꼭 한국 드라마뿐 아니다. 한국 소설, 영화, 드라마에서 가족 이야기는 언제나 이야기의 핵심 요소이고, 가족간 관계는 모든 인간의 관계의 원형이다. 심지어 남편도 '오빠'이고, 언니, 동생, 선배형, 선배누나 등의 학교나 사회에서 만난 사람 간 호칭도 가족 관계적 암시를 하고 있다.

최근 OTT 드라마에서도 예외는 아니다. 아무리 끔찍한 재난, 좀비, 서바이벌 게임에도 결국 그 모든 것을 견디는 힘은 누군가를 지키는 것인데, 그 지켜야할 대상은 바로 가족이다. 어떤 악인이라도 인간적 측면이 있다는 것은 바로 자기 가족에 대한 사랑, 헌신이 꼭 얽혀 있다는 얘기도 된다. 이는 외국 드라마와는 다른 결의 가족이야기이다. 특히 아시아 문화권에서 흔히 공유, 공감되는 가족 이야기이면서도 한국적 가족 관계의 특수성이 있다.

한국 넷플릭스 드라마에서 가장 기억에 남는 감동적 장면을 말해달라고 하면 많은 아시아권 학생들에게서는 '가족애'라는 단어가 꼭 나온다. 예를 들면 〈오징어 게임〉의 탈북자 강새벽의 동생과 가족을 위한 희생, 주인공 성기훈이 살벌한 서바이벌 게임에서 돌아와 이미 돌아가신 엄마가 없는 집에서 "엄마, 나 집에 왔어"하며 울먹이는 장면 등이다.

그런데 이런 가족 서사에 변화와 균열이 나타나기 시작한다. 무조건적인 사랑과 지지의 관계인 부모 자식간이 오작동되는 가족이 나타나기 시작한다. 때로 가족이 비극과 파탄의 원인이 되기도 한다. 〈D.P.〉의 주인공 아버지는 알코올 중독에 가정폭력을 휘두르며, 결정적 순간에 아들의 탈영 루트를 돈으로 파는 아버지로 나온다. 〈작은 아씨들〉의 장녀 오인주는 무책임한 엄마를 대신해 가장의 역할을 맡게 된다. 부모가 오히려 보호와 근심의 대상이 되는 것이다.

〈더 글로리〉의 경우에도 주인공 문동은의 엄마는 최고의 빌런이다. 딸의 학교폭력 가해자와 결탁하여 이를 무마하고, 마지막 순간까지 딸을 배반하고, 괴롭히는 존재이다. 그리고, 결국엔 딸이 엄마를 떠나는 결정이 어쩌면 진정한 개인으로 독립하는 순간이다. 물론 여기에 이 과정을 지지하는 조력자(남자 주인공)가 있기는 하다. 특히 〈더 글로리〉에서는 문동은 뿐 아니라, 겉으로는 완벽해 보이는 연진의 가정도 사실은 거짓 실체임을 보여주고 있다.

그러나 기존의 혈연이나 결혼에 의한 가족관계가 파탄에 이르렀을 때, 새로운 연대와 지지로 이 위기상황을 견뎌나가는 대안적 가족 형태를 보여주기도 한다. 〈스위트홈〉에서 괴물이 된 현수는 오히려 괴물들과 맞서고 주민들을 지켜내면서 가족과 같은 끈끈한 정을 나누게 된다. 〈더 글로리〉에서도 가정 폭력의 희생자였던 강현남은 주인공 문동은과의 동지애

그림 13 〈작은 아씨들〉, 〈더 글로리〉, 〈사이코지만 괜찮아〉 장면들

출처 : tvN, 넷플릭스 제공

와 가족적 연대감을 갖게 된다. 마치 가족과 같은 유사가족적 친밀감과 유대감을 느끼는 새로운 가족상은 〈경이로운 소문〉들의 국수집 식구들, 〈D.P.〉의 안준희와 한호열의 형제애, 그리고 〈사이코지만 괜찮아〉의 강태와 문영, 자폐증 형으로 이뤄진 새로운 가족상에서도 잘 나타나고 있다.

제9장

국가 간 여행을 위한 번역

매력적인 스토리는 그 언어에 상관없이 어디에서나 매력적이라고 한다. 그러나 언어 번역은 문화콘텐츠의 국가 간 이동에서 매우 중요한 요소이다. 특히 최근 넷플릭스를 포함한 글로벌 OTT에서 현지화 전략의 일환으로 자막과 더빙 작업에 많은 공을 들이고 있다. 이 장에서는 넷플릭스를 통해 한국 드라마가 어떻게 언어 번역 작업을 거치는지를 살펴보고, 구체적인 자막과 더빙의 문제점들을 짚어본다. 아울러 최근 인기 한국 드라마의 자막, 번역의 사례들을 통해 국가적 경계를 넘어서도 문화적 진정성을 살릴 수 있는 번역이 무엇인지에 대해 논의해 보고자 한다.

흥행 성패를 가르는 번역 : 〈Round 6〉가 아닌 〈오징어 게임〉

만약 〈오징어 게임〉이 〈Round 6〉라는 제목으로 개봉되었으면 어땠을까? 넷플릭스의 김민영 당시 한국 콘텐츠 디렉터는 〈할리우드 리포터〉와의 인터뷰에서 〈오징어 게임〉이 사실은 〈Round 6〉(6개의 전통적인 한국 게임을 의미)라는 제목으로 출시될 예정이었다고 말했다. 그 이유는 〈오징어 게임〉은 한국의 젊은 층에게도 생소한 이름이고, 글로벌 관객에게 어필할 수 있을지에 대한 고민 때문이었다. '오징어 게임'이라는 제목이 많은 사람들에게 큰 반향을 불러오지 못할 것이라고 생각했다. 그러나 마지막 순간에 황동혁 감독은 진정한 한국적 뿌리를 담은 〈오징어 게임〉이라는 제목으로 발표할 것을 주장했다. 그리고, 〈오징어 게임〉이라는 독특한 제목은 전 세계인의 호기심을 불러일으켰다. "나는 많은 수용자들이 갖고 있는 타문화에 대한 호기심을 과소평가할 뻔했다. 만약 이 드라마를 쉽게 이해할 수 있게 'Round 6'로 정했다면 큰 실수가 되었을 것이다. 더 '진정성 있는' 제목이 드라마의 인기에도 도움이 된다"라고 말했다(Waqar, 2021.10.17).

넷플릭스를 포함한 글로벌 OTT 서비스에서는 현지화 전략의 일환으로 더빙과 자막 작업에 많은 공을 들이고 있다. 넷플릭스 사이트에 들어가면, 다양한 현지어로 더빙을 입힌 한국 오리지널 작품들을 볼 수 있다. 한국 드라마 〈킹덤〉의 경우, 이런 현지어 더빙과 자막작업 덕분에 세계적 흥행을 기록한 대표적 사례로 손꼽힌다. 특히 〈킹덤2〉의 글로벌 흥행의 숨은 공신인 넷플릭스 더빙팀은 조선시대를 배경으로 한 한국어 대사를 현지 언어로 맛깔나게 옮겼다.

그림 14 〈킹덤〉 전 세계 자막·더빙 언어 수

출처: 넷플릭스 제공

캐시 로크니(Kathy Rokni) 넷플릭스 글로벌라이제이션 부분 디렉터는 중앙일보와의 이메일 인터뷰에서 "더빙과 자막은 한국을 비롯해 다양한 언어권 출신 창작자들이 만든 훌륭한 이야기를 전 세계가 발견하게 할 수 있게 도와준다."라고 말했다(박민제, 2020.3.28). 실제로 〈킹덤2〉는 자막, 더빙 제작에 총 4개월 이상이 소요되었으며, 이는 넷플릭스의 기존 평균 소요 시간보다 길었다. 더빙과 자막을 제작할 때 현지어와 현지문화를 살리기 위해 많은 노력을 기울인 점이 잘 드러난다. 통상 한국어는 피벗 번역[1]을 통해 제3의 언어로 번역이 이뤄진다. 이 피벗 랭귀지도 아시아권과 서구권은 다르게 만든다. 예컨대 신하들이 세자(배우 주지훈)를 맞이하는 장

1 피벗 번역은 제작국의 현지어를 영어로 번역한 이후, 이를 상영될 대상국의 현지어로 다시 번역하는 것을 말한다. 넷플릭스와 같은 스트리밍 플랫폼에서 다국어 번역을 위해 활용하는 피벗 번역은 최근의 두드러지는 현상으로 주목받고 있다.

면에서 '세자 저하를 뵈옵니다'라는 대사가 있다. 서구권 국가에서는 이 대사를 'Long live our crown prince(세자 저하 만세)'로 번역했다. 그들이 주로 사용하는 표현을 쓴 것이다. 하지만 비슷한 문화를 공유하는 아시아 국가 언어로 옮길 때는 원문 대사를 살려 'We greet Your Highness'(세자 저하를 뵈옵니다)로 표현했다.

넷플릭스가 다양한 언어로 오리지널 콘텐츠를 제작하는 이유는 생각보다 많은 글로벌 시청자가 다른 나라 작품에 관심이 많기 때문이다. "일반적으로 영어권 시청자는 외국어 콘텐츠를 안 볼 것이라고들 생각한다. 하지만 언어와 상관없이 좋은 이야기는 통한다. 실제 넷플릭스의 많은 구독자들이 스페인어로 촬영된 〈나르코스〉를 좋아했다. 독일어로 만들어진 드라마 〈다크〉를 본 사람의 절반 이상은 독일 외 지역 시청자였다. 브라질 오리지널 시리즈 〈3%〉도 마찬가지다. 우리는 다양한 국가의 다양한 콘텐츠가 더 많은 사람에게 '발견될' 수 있게 하고 싶다. 한국어를 모르는 사람도 〈킹덤〉, 〈좋아하면 울리는〉, 〈나 홀로 그대〉와 같은 한국 작품의 창작 의도를 그대로 느꼈으면 좋겠다. 기술과 인간의 노력을 효과적으로 결합할 때, 훌륭한 언어가 국경과 언어를 넘어 모두의 가슴에 진실한 감동을 줄 수 있을 것이다."(Kathy Rokni, 중앙일보(2020.3.28) 인터뷰)

넷플릭스 자막·더빙 현장

고품질의 더빙과 정확한 자막은 작품의 창의적이고 문화적인 본질을 충실하게 재생할 수 있는 핵심적 부분이다. 실제로 넷플릭스의 글로컬 성공 전략에서 국가간 콘텐츠의 이동을 위한 다양한 테크닉 가운데 적절한 언어 번역은 매우 중요하다. 로컬 콘텐츠(비영어권 드라마)의 글로벌한 인기는 넷플릭스의 다양한 배급, 언어, 마케팅, 추천 알고리즘과 소셜 대화의 결과인 것으로 분석되었다. 특히 이 가운데 언어 번역은 타국가 수용자들을 유인하는 데 매우 중요하다(Neira, Clares-Gavilán, & Sánchez-Navarro, 2023).

넷플릭스는 2021년도 37개어 번역과 34개어 더빙 서비스를 했는데 이는 700만분의 자막과 500만분의 더빙을 의미한다. 2015년 넷플릭스와 파트너십을 맺을 당시만 해도 약 10개 언어를 지원했던 국내 자막·더빙업체는, 약 60개 언어 자막과 더빙 지원이 가능한 규모로 성장했다. 2023년 넷플릭스 한국 오리지널 콘텐츠는 33개 언어로 자막 제작, 평균 15~16개 언어로 더빙돼 190여 개국 시청자를 만난다.

2021년 공개된 〈오징어 게임〉도 자막과 더빙 덕분에 한 달 만에 전 세계 1억 1,100만 가구가 시청할 수 있었다(남정미, 2023.7.7). 대부분 자막과 더빙 작업은 별개로 진행되지만, 더빙 작업은 로컬 문화에 익숙한 배우를 고용하는 추세이다. 따라서 회사는 최고의 퀄리티를 유지하기 위해 전문가 파트너 글로벌 네트워크를 갖고 있다. 그야말로 외국 콘텐츠 붐이 자막과 더빙을 스트리밍의 생명선으로 만들고 있는 것이다(Shevenock, 2022.9.16).

OTT 서비스에서 외국어 서비스를 하면서 다국어 번역 문제는 최근 실무 차원뿐 아니라 번역학 차원에서도 학문적 관심이 높아지고 있다. 각국 시장을 고려한 현지화 관점의 번역을 위한 번역지침 수립의 필요성이 부각되고 있는데 이와 관련된 연구가 넷플릭스의 사례를 중심으로 이뤄지고 있다. 다국어 번역의 일관성과 효율성을 높이기 위해 넷플릭스는 템플릿[2]과

2 현재 템플릿을 사용한 다국어 영상번역이 현업에서 많이 사용되고 있다. 1990대 VOD의 급증과 함께 번역 수요가 늘어나면서, 시간 내에 번역을 효율적으

여러 기술을 활용하여 현지 맞춤형 서비스를 제공한다. 또한 모든 언어에 적용되는 일반 지침과 개별 언어지침, 그리고 중역(重譯, indirect translation, double translation)에 필요한 매개어 지침을 마련하여 번역 실무에 적극적으로 활용하고 있다.

중역은 원문을 다른 언어로 옮긴 1차 번역을 기반으로 또 다른 언어로 번역하는 것이다. 영상번역에서는 중역을 피벗 번역이라고 주로 부른다. 이는 ST(source text, 출발어 텍스트)와 TT(the target text, 도착어 텍스트)를 매개하는 언어를 피벗(pivot)이라고 부르기 때문이다.

피벗 번역은 외국 작품을 만나게 해주는 장점이 있지만, 한 단계가 추가되어 번역을 하기 때문에 원문과 더 멀어지고 오역이 발생한다는 비판도 계속 제기되어 왔다. 피벗 번역은 영어 매개본의 오류가 최종 번역본에 그대로 반영된다거나, 경어법이 상대적으로 덜 발달된 영어의 특성으로 인해 최종 번역본에서 등장인물 간의 관계가 명확히 드러나지 않는 등 여러 가지 문제들을 노출하고 있다.

넷플릭스는 현지화 관점에서 다국어 자막 번역의 효율성을 높이기 위한 다양한 기술들을 꾸준히 개발하고 있다.[3] 현지화를 위한 각 언어별 번역지침을 제공하고 있으며, 문화적 민감성, 욕설, 중역, 시각적 요소(예; 온스크린 텍스트) 등 자막 번역시 유의 사항을 별도로 관리하고 있다.

2019년 IMUGIMUG(International Multilingual User Group) 행사에서 사

로 수행하고자 기술적 작업을 담당한다. 탬플릿에는 스파팅(spotting, 타이밍(timing), 큐잉(cueing)또는 오리지네이팅(originating)이라고도 부르는데, 일단 스파팅 작업이 끝난 후 번역가들은 '번역만' 하게 되었다.

3 넷플릭스 테크블로그(https://netflixtechblog.com)에서는 현지화 번역을 위한 새로운 기술을 소개하고 있다.

카모토(Milissa Sakamoto) 로컬라이제이션 프로젝트 매니저는 직접 번역이 필요한 대표적 작품으로 일본어 원문의 〈테라스 하우스〉와 한국어 원문의 〈킹덤〉을 뽑았다. 〈테라스 하우스〉는 서로 모르는 남녀들이 모여 살면서 커플로 발전되는 과정을 보여주는 리얼리티 쇼이다. 처음에는 서로 존댓말을 하고 격식을 차린 표현을 사용하지만, 시간이 지나면서 반말을 하고 편안한 어투로 바뀐다. 그런데 이런 일본어 특유의 경어법이 영어로 번역되면서 뉘앙스가 사라지는 문제가 발생한다고 언급했다. 〈킹덤〉의 경우 조선시대를 배경으로 하는 좀비 드라마여서 한국의 역사와 관련된 표현이 많다. 따라서 영어를 매개로 한 다국어 번역에서 '문화소(文化素)' 번역이 문제가 될 수 있다.

문화소는 기본적으로 한 문화의 근원을 구성하는 특정한 사회문화적 요소이다. 이근희(2005)는 문화소를 '문화 관련(culture-bound) 어휘'라고 정의한다. 영어로는 cultural elements, cultural specialties, culture-specific items(CSIs) 등 다양하게 표현된다. 넷플릭스 번역지침의 '특별 섹션'에서는 번역 전반에 걸쳐 세세한 지침을 아래와 같이 제시한다. 항상 원문 내용의 톤을 유지하되, 목표 청중에 맞추도록 한다. 즉 톤, 어조, 격식성 등을 도착어와 동일하게 맞추는 것이다. 한국어 번역지침에는 한국어로 된 예시들이 있는데 내용적인 면보다는 형식과 관련된 사항이 많다. 그러나 구체적인 문화소의 처리에 대한 내용은 거의 없다. 특히 〈킹덤〉의 경우는 역사적인 배경에 따라 다수의 문화소가 등장하는데 이러한 유형의 어휘를 번역하는 데에 참고할 수 있는 내용을 찾기 힘들다(성승은 · 한유진 · 임현경, 2022, p.57).

한편 더빙과 자막 작업에 대한 국가 간, 세대별 선호도에서도 많은 차이가 난다는 점도 고려할 필요가 있다. Z세대는 외국 프로그램을 자막

그림 15 국가별 더빙 및 자막 선호 현상

유럽은 더빙을 선호하고 아시아는 자막을 선호

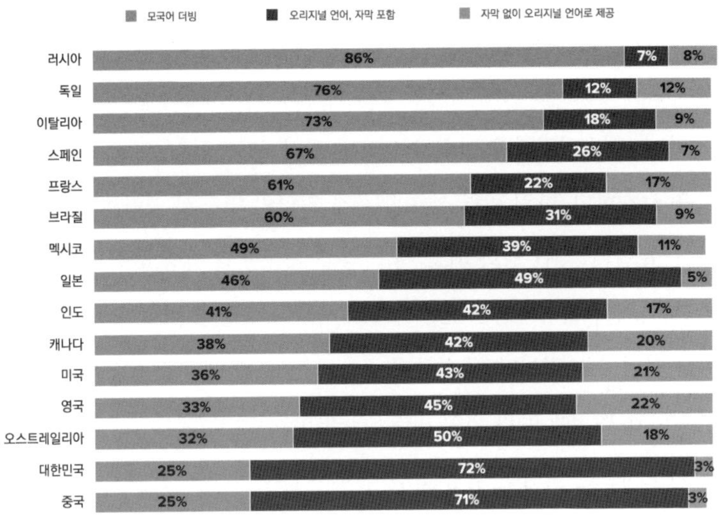

출처: https://pro.morningconsult.com/trend-setters/subtitles-dubbing-streaming

을 통해 보는 것을 선호하는 경향이 두드러지고 있다(Chuba, 2023.6.29). 2021년 설문에 따르면, 18~24세의 80%가 모든 기기에서 TV를 시청할 때 자막을 일부 또는 전부 사용하며, 이때 청각 장애나 난청이 있는 응답자는 10%에 불과한 것으로 나타났다. 또한 56~75세 연령대의 난청 비율이 더 높음에도 불구하고 이들 중 23%만이 자막을 사용하는 것으로 나타났다. 또한 지역별 선호도도 다른데 이는 더빙과 자막 소비의 역사적 배경 때문이기도 하다. 1970년대로 거슬러 올라가 미국인들은 쿵푸 영화와 유럽 영화의 더빙판을 소비했는데 이는 그다지 인기를 얻지 못했다. 더욱이 90년대의 대부분 일본 애니메의 영어 더빙판이 엉망이어서 영어 보이스액팅에 대한 끔찍한 기억이 있다.

단순일반화에는 무리가 있지만, 자막과 더빙에 대한 선호도는 권역별 문화적 경험에 따른 차이가 있다. 15개국 성인들을 대상으로 한 〈Morning Consult Pro〉사의 서베이 결과(〈그림 15〉)에 의하면, 대륙별 선호도가 다르다(Shevenock, 2022.9.16). 러시아, 독일, 이탈리아, 스페인, 프랑스는 자국어가 아닐 때는 더빙판을 선호하는데, 중국과 한국, 인도, 일본 관객들은 자막을 선호한다. 한편 번역 선호도는 각 권역의 역사적 맥락과도 연관되어 있다. 유럽의 경우, 영화 배포 시 더빙을 요구했고 더빙 버전에 익숙하다. 반면, 아시아 지역에서는 전통적으로 서구의 영상물 더빙이 매우 수준 낮다고 인식하는 편이다. 급속하게 증가하는 수용자의 요구에 따라 국가별 선호도와 특성에 따라 언어 번역작업을 개선할 필요성도 있다. 특히 국경을 가로지르는 다양한 취향을 만족시키기 위해서는 다양한 전문 인력풀, 수준 있는 더빙 전문 배우의 확보와 넷플릭스 자체 내의 트레이닝 프로그램과 전문인력 양성을 필요로 한다.

문화적 진정성과 글로벌 접근성: 〈킹덤〉과 〈오징어 게임〉 사례

〈사랑도 번역이 되나요〉(Lost in Translation)라는 흥미로운 영화가 있다. 도쿄에 출장온 미국인이 느끼는 문화적 이질감과 낯설음을 통해 외국어를 통한 진정성있는 의미 전달이 불가능하다는 것을 잘 표현하고 있다. 한국에서는 한강의 『채식주의자』(2007) 영역본 『The Vegetarian』이 2016년 영국의 저명한 문학상 '맨부커 인터내셔널상'을 수상하면서 영어판 번역이 논란이 되기도 했다(임미나, 2018.1.29).

〈오징어 게임〉의 경우 31개 언어로 자막 번역과 더빙이 제공되었다. 실제로 미국 관객의 60%가 〈오징어 게임〉을 영어 더빙판으로 시청했다고 한다. 물론 자막판이 훨씬 좋은 퀄리티이지만, '1인치 장벽'인 자막을 읽는 것을 불편해하는 관객들이 여전히 많다. 〈월스트리트 저널〉에서는 영어 더빙판에서 성기현의 보이스 액터인 그렉 춘(Greg Chun)을 인터뷰하기도 했다. 넷플릭스는 더빙판의 퀄리티를 더 높일 계획이다(WSJ, 2021.11.16).

〈오징어 게임〉에 대한 지대한 관심만큼 외국어 번역 자막의 문제들도 SNS에 수시로 올라왔다. Cho(2021.10.14)에 의하면, 전반적으로 오징어게임의 자막은 전체적 번역의 수준에서는 잘 된 편이라고 평가된다. 그러나 도저히 '번역 불가능함(the untranslatable)' 문제는 문화간 이동에서 어쩔 수 없이 생긴다. 특히 한국어 원어와 영어 자막 간의 '의미의 갭'은 불가피해 보인다. 특히 한국인들의 인간관계에서 중요한 호칭 혹은 경어가 갖고 있는 미묘한 의미들을 영어 번역에서 완벽하게 살리기는 매우 어렵다. 특히 연령에 따른 위계질서나, 사회적 권력관계, 그리고 친숙도를 나타내는 호칭의 경우가 그렇다.

〈오징어 게임〉에서 호칭에 따라 이런 관계의 변화가 잘 드러나는 것이 바로 외국인 노동자 알리와 상우 사이의 호칭이다. 처음 알리는 상우를 '사장님'이라고 부르는데, 이는 외국 노동자들이 현장에서 일반적으로 회사 대표를 부르는 호칭이다. 그런데 서로의 관계가 친밀해지며 상우가 알리의 '형'으로 불리는 순간의 정확한 의미가 영어 자막에서는 표현하기 어렵다. 이런 용어가 영어로는 없기 때문이다. "나를 형이라고 불러"라는 한국어는 그래서 "나를 상우라고 불러(Call me Sang Woo)"라는 영어로 번역되었다. 이 밖에도 오빠는 'baby'로 번역되거나 '영감님'은 'sir'로 번역되었다. 비슷하지만 같지는 않다(Cho, 2021.10.14).

한편 〈킹덤〉 관련 다국어 번역 작업에서 같은 아시아권과 서구권에서의 번역 차이를 분석한 연구를 통해 문화적 핵심요소를 잘 전달하는 신중한 번역의 필요성이 강조되고 있다. 특히 〈킹덤〉과 같은 조선시대 배경의 작품은 언어적·문화적 거리와 문화소를 고려한 좀 더 신중한 번역이 필요하다. 문화소가 아시아 언어(직접 번역)와 서양 언어(중역)에서 어떻게 번역되었는지에 대한 비교 분석 결과, 언어와 문화의 상호연관성을 강조한 페데르센(Pedersen, 2011)은 언어 밖 세상을 언어기호로 표현한 '언어 외적 문화항목(ECR:Extralinguistic Cultural Reference)', 즉 문화소가 자막 번역에서 매우 중요한 요소로 작용한다고 강조했다. 특히 서로 다른 문화권에 속한 메시지 발신자와 수신자/관객의 커뮤니케이션에서는 번역가의 문화소 중개가 필수적인 요소이다. 번역 인력의 부족과 비용 문제로 인해 모든 언어들 간에 직접 번역을 적용하는 방식은 현실성이 부족하나, 언어적·문화적 거리를 감안한 이원화된 접근법은 효율성과 경제성을 유지하면서도 문화적 정보의 손실을 막는 좋은 대안이 될 수 있다(성승은·한유진·임현경, 2022, pp.72-3).

결국 더빙과 자막은 단순한 언어 번역이 아니라, 국가와 국가, 혹은 다른 문화권역을 넘는 일종의 '문화적 번역(culture translation)' 작업이다(이희은, 2014). 어떤 영상 작품은 이런 문화적 번역에서 훨씬 수월할 수도 있지만, 어떤 경우는 어쩔 수 없이 누락, 왜곡되는 문화적 핵심 요소와 가치들이 있다. 이 경우 최대한 '문화적 진정성'과 '글로벌 관객에의 접근성'의 균형을 맞추려는 노력이 필요하다. 무엇보다 언어를 번역하는 것은 매우 섬세한 예술적 작업이므로, 자막·더빙 작업의 전문성과 예술성을 인정하고 대우해주는 문화가 필요하다.

드라마 복잡계 속에서 퍽(puck)이 어디로 튈지는 아무도 모른다

2023년 11월 홍콩 근현대 시각 문화박물관에서 '한국 영화 르네상스의 기원'이라는 콘퍼런스가 열렸다. 20년 전인 2003년 〈살인의 추억〉, 〈올드보이〉 등 국내 영화산업이 유례없이 부흥했던 한국 영화 르네상스의 풍경에 대해 논의하기 위해 세계 각지의 학자와 비평가, 창작자가 모였다. 만약 우리가 20년 이후 한국 드라마 발전사를 뒤돌아본다면, 지금을 '한국 드라마의 르네상스'라고 부를 수 있을까?

대중적 인기나 글로벌 위상으로 보면 아마도 지금의 'K-드라마'는 적어도 한국 드라마의 재도약기인 것은 분명한 것 같다. 넷플릭스 '글로벌 1위', '글로벌 Top10'이 어느덧 당연하게 여겨진다. 그러나 대중문화의 인기와 환호는 뜨겁게 달아올랐다가도 갑자기 쉽게 식어버릴 수 있다. 최근 넷플릭스에 여러 번 에미상의 영광을 안겨주었던 간판급 인기 오리지널 드라마였던 〈더 크라운〉의 시즌 6가 유례없는 악평을 받았다. 한 때 전성기를 누리던 홍콩 느와르가 과거의 장르로 사라진 것처럼, K-오리지널 장르물의 인기도 어느날 사라질 수도 있다.

이런 우려를 반영하듯, 최근 공개된 넷플릭스 한국 오리지널 드라마가 예전만큼 큰 인기를 누리지 못하고 있다. 또한 시즌 1에서 큰 인기를 끈 오리지널 드라마의 시즌 2에 대한 반응도 저조하다. 2023년 공개된 〈D.P.〉 시즌 2와 〈경이로운 소문 2〉는 스케일과 액션은 커졌는데 전편보다 좋은 평가를 받지 못했다. 시즌 2에서 좀 더 새롭고 강력한 것을 만들어야 한다는 강박감이 오히려 원래 작품의 매력과 호소력을 감소시켰다는 평이다. 특히 최근 공개된 〈스위트홈〉 시즌 2에 대한 평가는 더 냉담하다.

"더 큰 것이 언제나 더 좋은 것은 아니다(*Bigger is not necessarily better*)." 라고 시작하는 〈사우스 차이나 모닝포스트〉지 피어스 콘란(Pierce Conran)의 〈스위트홈〉 시즌 2에 대한 리뷰가 흥미롭다. "3년 전의 시즌 1은 완벽하지는 않았지만, 그 흥미로운 스토리와 압력밥솥 같은 세팅이 글로벌 히트를 만들어냈다. 기억할 만한 캐릭터들도 있었다. … 그런데 시즌 2에서는 세팅이 바뀌고 별 특징 없는 다수의 새로운 캐릭터들, 그리고 수준 이하의 괴물, 불안정한 신화와 음악들이 시즌 2를 실망스럽게 만들었다(평점 1.5/5)."(Conran, 2023.12.4)

실제로 〈스위트홈〉 시즌 1의 로케이션은 작품 콘셉트의 약점을 덮어주는 매우 훌륭한 전략이었다. 특히 인간이 자신의 내부 갈등으로 괴물로 변해간다는 조금은 '엉성한 신화'도 고립된 아파트 공간이라는 세팅 때문에 오히려 설득력이 있었다. 그런데 갑자기 거대해진 바깥 세계의 디스토피아 혼돈 속에서 이 신화는 더 이상 잘 작동하지 않았다.

글로벌 시장을 의식하면서, 동시에 한국적 특수성을 강조해야 한다는 이중적 압박감 역시 한국 드라마 제작진에게 부담이 될 수 있다. 그러나 모든 드라마가 꼭 글로벌 어필이 필요한 것은 아니다. 최근 할리우드가 셧다운되면서 해외 현지제작이 더 중요해지고 있다. 미국 작가조합이 파업하기 직전인 2023년 4월 테드 서랜도스는 이렇게 말했다. "그런 일이 일어나지 않으면 좋겠지만, 그렇다 해도 우리에게 다른 옵션이 없는 것은 아니다. 우리는 전 세계 각국에 여러 작품 기지를 갖고 있다. 이것은 제작되는 각 국가에 특정한 것이다. 우리가 한국에서 작품을 만들 때 이것은 기본적으로 한국인을 위한 것이다. 우리가 일본에서 작품을 만들 때는 그것은 일본인을 위한 것이다. … 우리는 모든 작품을 글로벌하게 만들려고는 하지 않는다."(Wakabayashi & Young, 2023.7.13)

한국의 'K-담론'에서 강조되는 글로벌 경쟁력이나 '한국적임(Koreanness)'을 지나치게 의식하면 오히려 창작자들의 자유로운 표현을 방해할 수도 있다. 이런 맥락에서 〈오징어 게임〉의 제작사 싸이런픽쳐스(현재는 퍼스트맨스튜디오) 김지연 대표의 인터뷰 내용은 되짚어 볼 만하다. "'K-무엇인가를 만들자'는 의도를 가지고 달려가는 순간, 오히려 더 안 되는 것 같다는 생각도 들어요. 오히려 작가, 창작자에게 더 많은 기회와 더 많은 인내를 가지며 좋은 결과가 나오기까지 시간과 유형, 무형의 자본을 투자해줄 수 있는 그런 환경이 만들어지는 게 더 중요하지 않은가라는 생각을 해봐요."(이다혜, 2022.9.18)

드라마 작가나 제작진의 창의력은 어느 기간 동안 갑자기 산업적, 국가적 전략으로 육성할 수 있는 것은 아니다. 어느 정도 축적의 시간이 지나야 자연스럽게 터져 나올 수 있다. 미하이 칙센트미하이(2003)는 창의성이 발휘되는 세 가지 요소를 영역, 현장, 개인으로 설명하고 있다. 영역과 현장에서 치열하게 고민하고 경쟁하는 창작자 개인들이 많아져야 한다. 한국 드라마 제작 시장도 한류 이후 충분히 축적된 노하우가 있고, 드라마 제작 현장의 상호평가와 경쟁의 열기도 뜨겁다. 마지막으로 대중적 창작 영역에서 진정한 새로움을 가져올 수 있는 창작자 개인의 특성과 기질을 존중하는 문화도 필요하다.

진정한 의미의 다양성과 당당한 파트너십

현재 글로벌 엔터테인먼트 시장에서 넷플릭스의 위상은 그리 쉽게 꺾일 것 같지는 않고, 글로벌 OTT 스트리밍 선도 기업으로서의 이점도 확실하다. 한국 드라마 산업의 넷플릭스 의존도가 높은 것도 사실이다. "돈을 내는 사람이 피리 소리를 결정한다"는 것은 미디어 업계의 당연한 법칙이다. 넷플릭스는 창작자에서 자율을 주지만, 이 자율은 넷플릭스가 제작투자를 결정한 작품에만 허용된다는 점에서 여전히 넷플릭스와 한국 제작사의 권력 관계는 불균형하다.

그러나 전 세계 드라마 시장에서 사람들에게 감동을 주는 좋은 드라마는 넷플릭스에 편중되어 있지는 않다. 물론 2024년 에미상 시상식에서 미니시리즈 부문에서 넷플릭스 드라마 〈성난 사람들(Beef)〉이 감독상, 작품상을 포함하여 8개 부문을 휩쓸었지만, 여전히 최우수 드라마로 HBO의 〈석세션(Succession)〉, F/X의 〈더 베어(the Bear)〉 등도 존재감을 과시했다. 물론 최근 들어 넷플릭스와 HBO의 혁신적인 퀄리티 드라마가 줄어들면서, 할리우드가 점점 창조적 열정과 용기를 잃어가고 있다는 NYT의 컬럼도 주목할 만하다(Biskind, 2024.1.18). 얼마든지 새로운 시대정신을 대표하는 새로운 HBO, 새로운 넷플릭스가 나타날 수도 있다는 것이다.

그러나 파격과 혁신만이 전부는 아니다. 2022년 넷플릭스와 작별할 때까지 글로벌 넷플릭스에서 가장 많은 국가에서 높은 인기를 누렸던 것은 바로 시트콤 〈프렌즈〉였다. 〈프렌즈〉의 주인 격인 워너브라더스가 프렌즈를 HBO 맥스로 빼앗아 갈 때까지 연간 1억불의 돈을 지불하면서까지 넷플릭스가 〈프렌즈〉를 떠나보내기 힘들었던 이유이다. 2020년대까지 Z세대를 포함한 전 세대가 90년대 미국의 시트콤 〈프렌즈〉를 사랑하는 이유는 무엇일까? 이 영원한 고전은 "재미있고 친근한 것이 결코 늙지 않는다"는 것을 증명하고 있기 때문이다(Liu, 2020.3.8).

한국 드라마는 어쩌면 지금이야말로 진정한 글로벌화의 문턱에 서 있는 것 같다. 넷플릭스와의 관계도 진정한 의미의 파트너십으로 발전시켜야 할 것이다. 그 발판으로 제작 시스템의 선진화, 글로벌 어필하는 스토리텔링 전략 등 다양한 노력이 필요할 것이다. 또한 IP 문제에 대한 보다 전문적 접근과 법적·제도적 지원도 필요하다. 그러나 무엇보다 중요한 것은 한국과 한국인들의 '로컬 진정성'에 대한 자신감이다. "이제 한국인 관점이 세계인의 관점이 되었다"는 〈성난 사람들〉의 이성진 감독 인터뷰(이혜운, 2024.1.20)처럼, 어쩌면 한국의 역사적, 사회적 굴곡, 한국인만이 느끼고 표현할 수 있는 감성들이 글로벌 시장에서의 경쟁력이 될 것이다.

더불어 한국 드라마 제작사의 다양성과 장르 다양성을 유지하는 것도 필요하다. 더 넓은 제작 스펙트럼 속에서 작고, 단단한 제작사들이 살아남고, 새로운 주제 의식과 다양한 표현양식을 선보이는 작품들이 지속적으로 생산될 수 있어야 한다.

한국은 글로벌 시장에 다양한 장르의 드라마를 선보였고, 그 인기도 권역별 국가별로 다르게 나타나고 있다. 넷플릭스 K-오리지널 장르물은 기존 보편적 장르 친숙성과 한국적 독특성을 결합하여 전 세계적 인기 몰이를 했다. 거기다 기존 한류의 클리셰를 넘어서 한층 세련되고 현대화된 여성서사를 담은 로맨틱 코미디도 인기이다. 그리고 평범한 일상을 섬세한 디테일로 그려낸 한국의 일상 드라마도 한국만이 만들어낼 수 있는 매력적 장르이다.

파우스트의 "멈추어라, 너 참 아름답구나!"

파우스트와 메피스토펠레스가 맺은 계약은 더는 바랄 바가 없는 순간을 향해 "멈추어라, 너 참 아름답구나!"라는 말이 절로 나올 때까지 악마가 파우스트에게 봉사해야 하는 일종의 '내기'였다. 메피스토펠레스는 이 말이 나올 수 있도록 파우스트에게 세상의 모든 아름답고 화려한 향락과 유혹을 제공한다. 그러나 24년간 메피스토와 계약을 맺은 그 말 "멈추어라, 너 참 아름답구나"라는 말은 나오지 않았다. 그런데, 100세 노인이 되어 눈이 먼 파우스트가 바깥의 삽질 소리를 들으면서 오래 미뤄졌던 그 계약의 말이 저절로 터져 나왔다. 바로 평범한 사람들이 앞으로 살아갈 터를 일구는 소리였다.

> 지혜의 마지막 결론은 이렇다.
> 자유도 생명도 누려 마땅한 자는
> 날마다 그것들을 싸워서 얻어내야 하는 자뿐,
> 하여, 위험에 에워싸여 있음에도,
> 여기서 아이도, 어른과 노인도 그 알찬 세월을 보낸다.
> 그런 무리를 나는 보고 싶노라.
> 자유로운 터에 자유로운 백성과 서고 싶노라.

그 순간에게 내가 말해도 좋으리.

멈추어라, 너 참 아름답구나!

(《파우스트 1》 11574~82행)

이 말로 메피스토펠레스는 자신이 결국 내기에서 이겼다고 기뻐하지만, 그가 승리한 것은 아니다. 온갖 악과 향락에 빠져 살던 인간 파우스트의 진정한 내면의 선(善)이 드러나는 순간이었기 때문이다(전영애, 2019, p.26).

드라마는 지극히 대중적인 예술이다. 평범한 사람들의 일상에서의 꿈과 사랑, 절망과 불안이 담겨 있다. 한국 드라마 속의 그런 '사람들의 이야기'는 넷플릭스라는 글로벌 기업 덕분에 전 세계 관객들을 만나서 그들에게 위로와 카타르시스를 선물했다.

이제 넷플릭스와 한국이 서로 필요해서 맺었던 일종의 계약과 거래를 한 번 숨을 고르고 생각해 볼 때이다. 이 계약을 통해 무엇을 얻었는지, 무엇을 잃었는지는 내기에 참가한 사람들은 알 수 있을 것이다. 적어도 한국의 이야기가 충분히 세계에 통할 수 있다는 자신감은 얻었다. 그런데 너무 큰 옷을 갑자기 걸친 것 같은 부담감도 있다.

1830년대 쇼팽의 젊은 시절 오스트리아 빈에서는 화려한 무도회장에서 춤을 위한 스트라우스의 왈츠가 대유행이었다. 그런 춤곡 중심의 왈츠가 쇼팽이라는 천재 작곡가를 만나 영혼이 담긴 음악으로 재탄생되었다. 넷플릭스가 만든 거대한 스트리밍 시장판의 왁자지껄하고, 치열한 경쟁 분위기 속에서도 한국의 드라마 창작자들이 각자의 영혼이 담긴 좋은 드라마들을 만들어 내길 바란다. 세계 어느 곳에 있는 관객에게서 "멈추어라, 아름다운 순간이여"라는 감탄사가 나올 수도 있을 것이다.

| 부록 |

넷플릭스 한국 라이브러리 제공 한국 드라마 리스트

(2023년 3월 5일자)

채널	드라마 시리즈 제목(발표 연도)
Netflix Original (35편)	연애대전(LOVE TO HATE YOU, 2023), 더 글로리(The Glory, 2022), 수리남(Narco-Saints, 2022), 더 패뷸러스(The Fabulous, 2022), 썸바디(SOMEBODY, 2022), 글리치(GLITCH, 2022), 모범가족(A Model Family, 2022), 블랙의 신부(REMARRIAGE & DESIRES, 2022), 종이의 집 : 공동경제구역(MONEY HEIST : KOREA – JOINT ECONOMIC AREA, 2022), 안나라수마나라(THE SOUND OF MAGIC, 2022), 소년심판(Juvenile Justice, 2022), 지금 우리 학교는(All OF US ARE DEAD, 2022), 고요의 바다(THE SILENT SEA, 2021), 오징어 게임(Squid Game, 2021), 마이 네임(Undercover, 2021), D.P.(2021), 무브 투 헤븐(Move to Heaven, 2021), 킹덤 : 아신전(Kingdom 3, 2021), 내일 지구가 망해버렸으면 좋겠어(So Not Worth It, 2021), 지옥(HELLBOUND, 2021), 좋아하면 울리는(Love Alarm, 2021), 스위트 홈(Sweet Home, 2020), 인간수업(Extracurricular, 2020), 나 홀로 그대(My Holo Love, 2020), 보건교사 안은영(The School Nurse Files, 2020), 도시괴담(Goedam, 2020), 킹덤(Kingdom 2, 2020), 킹덤(Kingdom, 2019), 좋아하면 울리는(Love Alarm, 2019), 첫사랑은 처음이라서 1·2(My First First Love, 2019), 마음의 소리 : REBOOT 1·2(The Sound of Your Heart Reboot, 2018), 마이 온리 러브송(My Only Lovsong, 2017), 비정규직 아이돌(Part-Time Idol, 2017)

채널	드라마 시리즈 제목(발표 연도)
tvN (64편)	일타 스캔들(CRASH COURSE in ROMANCE, 2023), 슈룹(Under the Queen's Umbrella, 2022), 연예인 매니저로 살아남기(Behind Every Star, 2022), 작은 아씨들(Little Women, 2022), 환혼 : 빛과 그림자(Alchemy of Souls 2, 2022), 환혼(Alchemy of Souls, 2022), 환혼(Alchemy of Souls, 2022), 우리들의 블루스(Our Blues, 2022), 스물다섯 스물하나(Twenty Five Twenty One, 2022), 불가살(Bulgasal : Immortal Souls, 2021), 갯마을 차차차(Hometown Cha-Cha-Cha, 2021), 빈센조(VINCENZO, 2021), 나빌레라(Navillera, 2021), 너는 나의 봄(You Are My Spring, 2021), 슬기로운 의사생활(Hospital Playlist 2, 2021), 슬기로운 의사생활(Hospital Playlist, 2020), 철인왕후(Mr. Queen, 2020), 여신강림(True Beauty, 2020), 산후조리원(Birthcare Center, 2020), 악의 꽃(Flower Of Evil, 2020), 구미호뎐(Tale of the Nine Tailed, 2020), 낮과 밤(Awaken, 2020), (아는 건 별로 없지만) 가족입니다(My Unfamiliar Family, 2020), 화양연화 – 삶이 꽃이 되는 순간(When My Love Blooms, 2020), 오 마이 베이비(Oh my baby, 2020), 스타트업(Start-Up, 2020), 사이코지만 괜찮아(It's Okay to Not Be Okay, 2020), 하이바이, 마마!(Hi Bye, Mama!, 2020), 청춘기록(Record Of Youth, 2020), 비밀의 숲(Stranger, 2020), 블랙독(Black Dog, 2019), 호텔 델루나(Hotel Del Luna, 2019), 사랑의 불시착(Crash Landing on You, 2019), 검색어를 입력하세요 WWW(Search WWW, 2019), 왕이 된 남자(The Crowned Clown, 2019), 그녀의 사생활(HER PRIVATE LIFE, 2019), 진심이 닿다(Touch Your Heart, 2019), 로맨스는 별책부록(Romance Is a Bonus Book, 2019), 어비스(Abyss, 2019), 아스달 연대기(Arthdal Chronicles, 2019), 60일, 지정생존자(60 Days, Designated Survivor, 2019), 나의 아저씨(My Mister, 2018), 미스터 션샤인(Mr. Sunshine, 2018), 백일의 낭군님(100 Days My Prince, 2018), 김비서가 왜 그럴까(What's Wrong with Secretary Kim, 2018), 남자친구(Encounter, 2018), 아는 와이프(A Familiar Wife, 2018), 알함브라 궁전의 추억(Memories of the Alhambra, 2018), 무법 변호사(Lawless Lawyer, 2018), 라이브(Live, 2018), 멈추고 싶은 순간 : 어바웃 타임(About Time, 2018), 이번 생은 처음이라(Because This is My First Life, 2017), 비밀의 숲(Stranger, 2017), 슬기로운 감빵생활(Prison Playbook, 2017), 명불허전(Dr.Heo, 2017), 화유기(A Korean Odyssey, 2017), 변혁의 사랑(Revolutionary Love, 2017), 내성적인 보스(Introverted Boss, 2017), 도깨비(Guardian : The Lonely and Great God, 2016), 시그널(Signal, 2016), 또! 오해영(Another Miss Oh, 2016), 신데렐라와 네 명의 기사(Cinderella and Four Knights, 2016), 디어 마이 프렌즈(Dear my friends, 2016), THE K2(2016), 미생(Misaeng, 2014)

채널	드라마 시리즈 제목(발표 연도)
JTBC (57편)	신성한 이혼(Divorce Attorney Shin, 2023), 사랑의 이해(The Interest of Love, 2022), 재벌집 막내아들(REBORN RICH, 2022), 인사이더(INSIDER, 2022), 클리닝 업(Cleaning Up, 2022), 나의 해방일지(My Liberation Notes, 2022), 서른, 아홉(Thirty–Nine, 2022), 기상청 사람들 : 사내연애 잔혹사 편(FORECASTING LOVE & WEATHER, 2022), 그린 마더스 클럽(GREEN MOTHERS' CLUB, 2022), 공작도시(Artificial City, 2021), 한 사람만(The One and Only, 2021), IDOL [아이돌 : The Coup](IDOL : The Coup, 2021), 구경이(Inspector Koo, 2021), 너를 닮은 사람(Reflection of You, 2021), 알고있지만,(Nevertheless,, 2021), 로스쿨(Law School, 2021), 괴물(Beyond Evil, 2021), 인간실격(LOST, 2021), 선배, 그 립스틱 바르지 마요(She Would Never Know, 2021), 마인(MINE, 2021), 시지프스 : the myth(SISYPHUS : THE MYTH, 2021), 월간 집(Monthly Magazine Home, 2021), 날씨가 좋으면 찾아가겠어요(When the Weather Is Fine, 2020), 이태원 클라쓰(Itaewon Class, 2020), 18 어게인(18 Again, 2020), 부부의 세계(The World of the Married, 2020), 런 온(RUN ON, 2020), 쌍갑포차(Mystic Pop–up Bar, 2020), 모범형사(The Good Detective, 2020), 사생활(Private Lives, 2020), 우리, 사랑했을까(Was It Love, 2020), 경우의 수(More Than Friends, 2020), 우아한 친구들(Graceful Friends, 2020), 야식남녀(Sweet Munchies, 2020), 검사내전(Diary of a prosecutor, 2019), 멜로가 체질(Be Melodramatic, 2019), 으라차차 와이키키2(Welcome to Waikiki2, 2019), 눈이 부시게(Dazzling, 2019), 초콜릿(Chocolate, 2019), 나의 나라(My country : The New Age, 2019), 보좌관 – 세상을 움직이는 사람들 1·2(The Aide : People Make The World Go Round, 2019), 조선혼담공작소 꽃파당(Flower Crew : Joseon Marriage Agency, 2019), 열여덟의 순간(At Eighteen, 2019), 리갈하이(Legal High, 2019), 바람이 분다(The Wind Blows, 2019), 아름다운 세상(Beautiful World, 2019), 뷰티 인사이드(The Beauty Inside, 2018), SKY 캐슬(Sky Castle, 2018), 내 아이디는 강남미인(My ID is Gangnam Beauty, 2018), 밥 잘 사주는 예쁜 누나(Something in the Rain, 2018), 미스티(Misty, 2018), 으라차차 와이키키(Welcome to Waikiki, 2018), 일단 뜨겁게 청소하라!!(Clean With Passion For Now, 2018), 라이프(LIFE, 2018), 그냥 사랑하는 사이(Rain or Shine, 2017), 품위 있는 그녀(Woman of Dignity, 2017)

채널	드라마 시리즈 제목(발표 연도)
OCN (9편)	미씽 : 그들이 있었다(Missing : The Other Side, 2020), 경이로운 소문(The Uncanny Counter, 2020), 루갈(RUGAL, 2020), 빙의(Possessed, 2019), 모두의 거짓말(The Lies Within, 2019), 손 the guest(Son : The guest, 2018), 나쁜녀석들 : 악의도시(Bad Guys : City of Evil, 2018), 보이스(Voice 2, 2018), 애타는 로맨스(My Secret Romance, 2017)
KBS2 (8편)	미남당(CAFE MINAMDANG, 2022), 연모(The King's Affection, 2021), 안녕? 나야!(Hello? Me!, 2021), 도도솔솔라라솔(Do Do Sol Sol La La Sol, 2020), 동백꽃 필 무렵(When The Camellia Blooms, 2019), 최강 배달꾼(Strongest Delivery Man, 2017), 마음의 소리(The Sound of Your Heart, 2016), 성균관 스캔들(Sungkyunkwan Scandal, 2010)
MBC (5편)	내일(Tomorrow, 2022), 신입사관 구해령(Rookie Historian Goo Hae Ryeong, 2019), 봄밤(One Spring Night, 2019), 불야성(Night Light, 2016), 넌 내게 반했어(You've Fallen for Me, 2011)
SBS (12편)	트롤리(Trolley, 2022), 사내맞선(Business Proposal, 2022), 그해 우리는(Our Beloved Summer, 2021), 라켓소년단(Racket Boys, 2021), 더 킹 : 영원의 군주(The King : Eternal Monarch, 2020), 하이에나(HYENA, 2020), 배가본드(VAGABOND, 2019), 사의 찬미(Hymn of Death, 2018), 엽기적인 그녀(My Sassy Girl, 2017), 달의 연인 – 보보경심 려(Moon Lovers : Scarlet Heart Ryeo , 2016), 별에서 온 그대(My Love From the Star, 2013), 그 겨울, 바람이 분다(That Winter, the Wind Blows, 2013)
EBS (2편)	네가 빠진 세계(Fall For You, 2022), 하트가 빛나는 순간(Take My Heart, 2021)
TV조선 (6편)	빨간풍선(Red Balloon, 2022), 결혼작사 이혼작곡 III(Love (ft. Marriage & Divorce 3), 2022), 결혼작사 이혼작곡 II(Love (ft. Marriage & Divorce 2), 2021), 결혼작사 이혼작곡(Love (ft. Marriage & Divorce), 2021), 바람과 구름과 비(Kingmaker : The Change of Destiny, 2020), 바벨(Babel, 2019)
채널A (0)	–
MBN/Dramax (2편)	우아한 가(Graceful Family, 2019), 마성의 기쁨(Devilish Charm, 2018)

채널	드라마 시리즈 제목(발표 연도)
kakao tv (5편)	어쩌다 전원일기(ONCE UPON A SMALL TOWN, 2022), 결혼백서(Welcome To Wedding Hell, 2022), 이 구역의 미친X(Mad for Each Other, 2021), 아름다웠던 우리에게(A love so beautiful, 2020), 도시남녀의 사랑법(Lovestruck in the city, 2020)
ENA (6편)	아무것도 하고 싶지 않아(Summer Strike, 2022), 얼어죽을 연애따위(Love is for Suckers, 2022), 사장님을 잠금해제(Unlock My Boss, 2022), 굿잡(Good Job, 2022), 이상한 변호사 우영우(Extraordinary Attorney Woo, 2022), 구필수는 없다(Never Give Up, 2022)
기타 (4편)	수업중입니다(Love Class, 2022), 더 미라클(The Miracle, 2016), 마이 런웨이(My Runway, 2016), 헤어진 다음날(One More Time, 2016)

| 참고문헌 |

학술논문 · 간행물 및 서적

강혜원 · 이성민 (2022). 넷플릭스의 초국적 콘텐츠 소구 전략: 〈오징어 게임〉에 나타난 장르적 보편성과 문화적 특수성의 이중적 상품화 구조 분석. 『언론과 사회』, 30권 3호, 5-41.

공희정 (2020). 스튜디오 시스템 시대, 드라마는 어떻게 변하고 있나. 『한류NOW』, 37권, 17-23.

괴테, Johann Wolfgang von 『파우스트 1』. 전영애 옮김. 도서출판 길, 2019.

괴테, Johann Wolfgang von 『파우스트 2』. 전영애 옮김. 도서출판 길, 2019.

김도경 · 장문경 · 백현미 (2021). 넷플릭스를 통한 한국 방송 프로그램의 글로벌 소비 연구. 『한국방송학보』, 35권 6호, 5-33.

김민영 (2019). 플랫폼의 확장과 좀비 서사의 구현 연구 : 넷플릭스 오리지널 드라마 〈킹덤〉 시즌 1을 중심으로. 『현대문학이론연구』, 77권 9호, 61-85.

김선미 · 김혜수 · 김도희 · 이헌율 (2023). 국내 OTT 플랫폼 경쟁력 제고와 해외 진출에 대한 정책 델파이 분석 연구. 『방송통신연구』, 123호, 7-44.

김소정 · 임유화 (2022). 콘텐츠 제작환경 변화에 따른 국내 스튜디오 제작사 설립 동향. (정보통신정책연구원 연구보고서, KISDI Perspectives 22-08-02). https://www.kisdi.re.kr/report/view.do?key=m2102058837181&masterId=433

4696&arrMasterId=4334696&artId=664256

김숙 (2023). 플랫폼 고래싸움에서 제작사가 생존하는 법. 『방송영상트렌드 & 인사이트』, 36호.

김혜수·이보미·김성태 (2022). OTT 콘텐츠 시청 요인과 몰아보기에 관한 연구: 플로(flow)의 매개 효과를 주목하며. 『한국방송학보』, 36권 5호, 48-82.

박미영 (2022). 넷플릭스 몰아보기(binge-watching)와 참여적 관객성. 『아시아영화연구』, 15권 1호, 241-265.

박소정·장인희·홍석경 (2021). 일본 내 글로벌 SVOD 서비스를 통한 한국 드라마 수용. 『한국언론학보』, 65권 3호, 122-162.

박찬효 (2021). '몰아보기(binge viewing)'를 위한 OTT드라마의 스토리텔링 전략 연구: 〈킹덤〉 1, 2를 중심으로. 『인문콘텐츠』, 60호, 33-53.

성승은·한유진·임현경 (2022). 넷플리스의 중역을 통한 다국어 번역 현황. 『번역학연구』, 23권 1호, 45-80.

심두보 (2022). 한류와 한국 드라마. 『한류NOW』, 47권, 10-19.

양수영 (2022). 인기 K-콘텐츠로 본 권역별 한류 소비 차이. 『방송영상트렌드 & 인사이트』, 32호.

원용진 (2023.9). K-drama 논의 구조 형성을 위한 기초 연구 제안. CHS 100분 토크 23-5 발표자료.

유건식 (2021). 『넷플릭스, 한국 드라마 시장을 바꾸다』. 한울 아카데미.

유세경·이경숙 (2001). 동북아시아 3국의 텔레비전 드라마에 나타난 문화적 근접성. 『한국언론학보』, 45권 3호, 230-267.

윤복실 (2020). OTT 드라마 〈킹덤〉의 서사 전략 연구—재매개 이론을 중심으로. 『글로벌문화콘텐츠』, 43호.

이근희 (2005). 『이근희의 번역산책: 번역투에서 번역의 전략까지』. 한국문화사.

이성준 (2018). 드라마 시리즈물 몰아보기 행위에 영향을 미치는 심리 및 구조적 요인에 관한 고찰. 『한국콘텐츠학회논문지』, 18권 2호, 405-418.

이성민 (2022). OTT로 인한 콘텐츠 제작/유통 시스템의 변화: 스튜디오 시스템을 중심으로. 『미디어 이슈 & 트렌드』, 51권.

이종수 (2012). 역사드라마 〈뿌리 깊은 나무〉의 미학적 요소 분석. 『미디어, 젠더 & 문화』, 22호, 187-224.

이호수 (2020). 『넷플릭스 인사이트』. 21세기 북스.

이희은 (2014). 문화번역의 이론적 의미와 전지구화 시대의 영상번역. 『미디어, 젠더 & 문화』, 29권 2호, 187-223.

임종수 (2023). 글로벌 OTT, 플랫폼 리얼리즘의 세계 : OTT 서사극과 호모 사케르의 분투. 『커뮤니케이션 이론』, 19권 1호, 5-83.

전영애 (2019). 옮긴이 해제. 요한 볼프강 폰 괴테(지음). 『파우스트 1』, 도서출판 길.

정금희 · 최윤정 (2019). 수용자의 능동적 행위로서 미디어 몰아보기(Binge watching) : 계획된 행동이론(TPB)을 적용한 몰아보기 행동 모형. 『한국방송학보』, 33권 3호, 141-179.

정윤경 (2022). 글로벌 OTT의 콘텐츠 유통 결정 요인에 관한 연구 : 32개국 넷플릭스의 자국 및 미국 콘텐츠 유통을 중심으로. 『한국방송학보』, 36권 5호, 222-250.

최선영 (2022). 넷플릭스 커미셔닝과 K-콘텐츠의 가치확장. 『방송영상 트렌드 & 인사이트』, 31호.

최재영 · 윤상호 · 김민영 · 김세영 · 김영주 · 박선영 · 최선희 · 김성태 (2023). 다채널 미디어 환경에서의 TV시청에 대한 탐색적 연구 : 넷플릭스 시청시간을 중심으로. 『영상문화콘텐츠연구』, 29권, 261-301.

최홍규 (2022). 무한경쟁 OTT 시장 라운드 21 전망. (한국인터넷진흥원 연구보고서, KISA Report Vol. 12). https://www.kisa.or.kr/20302/form?postSeq=592&page=1#fnPostAttachDownload

칙센트미하이, M (2003). 『창의성의 즐거움 '창의적 인간'은 어떻게 만들어지는가?』. 노혜숙 옮김. 북로드.

프롬, E (2022). 『우리는 여전히 삶을 사랑하는가』. 장혜경 옮김. 김영사, 2022.

한국국제문화교류진흥원 (2023). 2023 해외한류실태조사(연례조사 2023-01).

한국콘텐츠진흥원 (2023a). 넷플릭스 이후, K-콘텐츠 도약을 위한 과제. 『KOCCA 포커스』, 155호.

한국콘텐츠진흥원 (2023b). 글로벌 OTT 동향분석, Vol. 4. https://www.kocca.kr/globalOTT/vol04/html/main.html

한순상 · 유홍식 · 신동희 (2017). 수용자의 몰아보기 이용동기와 지속적 이용의도에 영향을 미치는 영향 요인에 대한 연구. 『한국콘텐츠학회논문지』, 17권

2호, 521-534.

홍남희 (2020). 언택트 시대 넷플릭스와 영화 : 퀄리티 콘텐츠로서의 영화와 극장의 의미 변화. 『영상문화』, 17호, 181-206.

Afilipoaie, A., Iordache, C., & Raats, T. (2021). The 'Netflix Original' and what it means for the production of European television content. *Critical Studies in Television*, 16(3), 304-325.

Albornoz, L. A., & García Leiva, M. T. (2022). Netflix Originals in Spain : challenging diversity. *European Journal of Communication, 37*(1), 63-81.

Alexander, N. (2016). Catered to your future self : Netflix's "Predictive personalization" and the mathematization of taste. in McDonald, K. & Smith-Rowsey, D. (eds). *The Netflix Effect : Technology and Entertainment in the 21st Century*. N.Y. : Bloomsbury Academic. 81-97.

Alexander, N. (2021). From spectatorship to "survivorship" in five critical propositions. *Film Quarterly, 75*(1), 52-57.

An, J. Y. (2022). K-Drama 2.0 : updating tropes with intertextuality and cinematic visuals in Crash Landing on You. *Journal of Japanese and Korean Cinema, 14*(2), 131-147.

Bielby, D. D., & Harrington, C. L. (2008). *Global TV : Exporting television and culture in the world market*. NYU Press.

Bourdieu, P. (1984). *Distinction : A Social Critique of the Judgement of Taste*. Cambridge, MA : Harvard University Press.

Castro, D., Rigby, J. M., Cabral, D., & Nisi, V. (2021). The binge-watcher's journey : Investigating motivations, contexts, and affective states surrounding Netflix viewing. *Convergence, 27*(1), 3-20.

Choi, J. (2010). *The South Korean film renaissance : Local hitmakers global provocateurs*. Middletown : Wesleyan University Press.

Creeber G. (ed) (2015). *The Television Genre Book* (3rd ed). London : Palgrave.

Cunningham, S., & Scarlata, A. (2020). New forms of internationalisation? The impact of Netflix in Australia. *Media International Australia, 177*(1), 149-164.

Exelmans, L., & Van den Bulck, J. (2017). Binge viewing, sleep, and the role of pre-sleep arousal. *Journal of Clinical Sleep Medicine, 13*(8), 1001-1008.

Frey, M. (2021). *Netflix recommends : algorithms, film choice, and the history of taste*. Univ of California Press.

Gillespie, T. (2018). Regulation of and by platforms. *The SAGE handbook of social media*, 254-278.

Gomez-Uribe, C. A., & Hunt, N. (2015). The netflix recommender system: Algorithms, business value, and innovation. *ACM Transactions on Management Information Systems (TMIS), 6*(4), 1-19.

Hagiwara, S., Joshi, S., Karthigesu, R., et al. (1999). The reception of global TV in Asia: an assessment of its impact on local cultures. *Asian Journal of Communication. 9*. 1-20.

Hayes, D., & Chmielewski, D. (2022). *Binge times : inside Hollywood's furious billion-dollar battle to take down Netflix*. New York, NY: William Morrow. 이정민 (역) (2023). 『스트리밍 이후의 세계』. 알키.

Horeck, T., Jenner, M., & Kendall, T. (2018). On binge-watching: Nine critical propositions. *Critical Studies in Television, 13*(4), 499-504.

Illouz, E. (1997). *Consuming the romantic utopia : Love and the cultural contradictions of capitalism*. Berkeley: University of California Press.

Jacobs. J. (2016). Television, interrupted: Pollution or aesthetic? in Bennett J. and N, Strange(eds). *Television as Digital Media*. Durham, NC: Duke Universitty Press..255-280.

Jenner (2015). "Conclusion: Genre and Video on Demand", *The Television Genre Book*(3rd Ed.).

Jenner, M. (2016). Is this TVIV? On Netflix, TVIII and binge-watching. *New Media & Society, 18*(2), 257-273.

Jenner, M. (2018), *Neflix and the Re-invention of Television*, Cham: Palgrave Macmillan.

Jenner, M. (2020). Researching binge-watching. *Critical Studies in Television, 15*(3), 267-279.

Jenkins, H. Ford, S., & Green, J. (2018). *Spreadable Media : Creating Value and Meaning in a Networked Culture*. New York: New York University Press.

Jin, D. Y. (2023). Transnational Proximity of the Korean Wave in the Global Cultural Sphere. *International Journal of Communication, 17*, 9-28.

Kim, Y. (2022). Historical drama in the time of global streaming platforms: Envisioning transition in Mr. Sunshine. *Television & New Media, 23*(6), 610-628.

Kozak, L., & Zeller-Jacques, M. (2021). Digressions and Recaps: The Bingeable Narrative. *Binge-Watching and Contemporary Television Research*, 207-223.

Lee, H. (2018). A 'real'fantasy: hybridity, Korean drama, and pop cosmopolitans. *Media, Culture & Society, 40*(3), 365-380.

Lee, S. A. (2019). The new zombie apocalypse and social crisis in South Korean cinema. *Coolabah*, (27), 150-166.

Limov, B. (2020). Click it, binge it, get hooked: Netflix and the growing US audience for foreign content. *International Journal of Communication, 14*, 6304-6323.

Lobato, R. (2018). Rethinking international TV flows research in the age of Netflix. *Television & New Media, 19*(3), 241-256.

Lobato, R. (2019). *Netflix Nations : The Geography of Digital Distribution*. NYU Press.

Lobato, R. & Lotz, A. D. (2020). Imagining global video: The challenge of Netflix. *JCMS : Journal of Cinema and Media Studies, 59*(3), 132-136.

Lotz, A. D. (2014). *The television will be revolutionized*. NYU Press.

Lotz, A. D. (2017). *Portals : A treatise on internet-distributed television*.

Michigan Publishing, University of Michigan Library.

Lotz, A. D. (2021). In between the global and the local: Mapping the geographies of Netflix as a multinational service. *International Journal of Cultural Studies, 24*(2), 195-215.

McDonald, K. & D. Smith-Rowsey (2016). *The Netflix Effect: Technology and Entertainment in the 21st Century*. N.Y.: Bloomsbury Academic.

Mittell, J. (2004). *Genre and television: From cop shows to cartoons in American culture*. Routledge.

Mittell, J. (2015). *Complex TV: The Poetics of Contemporary Television Storytelling*. NY: NYU Press.

Nan, M. M. (2023). Squid Game: The hall of screens in the age of platform cosmopolitanism. *Global Storytelling: Journal of Digital and Moving Images*, 3(1), 147-161.

Neira, E., Clares-Gavilán, J., & Sánchez-Navarro, J. (2023). Standing up to Hollywood: the Netflix glocal strategy for popularising non-English-language series worldwide. *Profesional de la información/ Information Professional, 32*(4) (e320409), 1-16.

Nelson, R. (2007). *State of Play: Contemporary "High-end" TV Drama*. Manchester: Manchester University Press.

Park, J. H., Lee, J., & Lee, Y. (2019). Do webtoon-based TV dramas represent transmedia storytelling? Industrial factors leading to webtoon-based TV dramas. *International Journal of Communication*, 13, 2179-2198.

Pedersen, J. (2011). *Subtitling Norms for Television: An Exploration Focussing on Extralinguistic Cultural References*. Amsterdam and Philadelphia: John Benjamins.

Perks, L. G. (2015). *Media marathoning: Immersions in morality*. Lanham, MD: Lexington Books.

Peterson, R. A. & Kern, R. M. (1996). Changing highbrow taste: From snob to omnivore. *American Sociological Review*, 61(5), 900-907.

Raza, S. H., Yousaf, M., Sohail, F., Munawar, R., Ogadimma, E. C., & Siang,

J. M. L. D. (2021). Investigating binge-watching adverse mental health outcomes during Covid-19 pandemic: moderating role of screen time for web series using online streaming. *Psychology Research and Behavior Management, 14*, 1615-1629.

Schlütz, D. M. (2016). Contemporary quality TV: The entertainment experience of complex serial narratives. *Annals of the International Communication Association, 40*(1), 95-124.

Smith-Rowsey, D. (2016). Imaginative indices and deceptive domains: How Netflix's categories and genres redefine the long tail. *The Netflix effect: Technology and entertainment in the 21st century*, 63-80.

Snider, Z. (2016). The cognitive psychological effects of binge-watching. *The Netflix effect: Technology and entertainment in the 21st century*, 117-28.

Steiner, E. (2019). *Binge-Watching in Practive: The Rituals, Motives and Feelings of Streaming Video Viewers*, in Barker, C., & Wiatrowski, M. (Eds.). (2017). 몰아보기의 실천 : 스트리밍 영상 시청자의 의례, 동기, 느낌 (141-161쪽). 임종수 (역) (2019). 『넷플릭스의 시대』. 팬덤북스.

Straubhaar, J. D. (1991). Beyond media imperialism: Assymetrical interdependence and cultural proximity. *Critical Studies in media communication, 8*(1), 39-59.

Sun, Y. (2021). Critical formation of Hong Kong noir: Historiographical and methodological reflections. *Journal of Chinese Cinemas, 15*(1), 39-55.

Tryon, C. (2015). TV got better: Netflix's original programming strategies and the on-demand television transition. *Media Industries Journal, 2*(2).

Turner, G., & Tay, J. (Eds.). (2009). *Television studies after TV: Understanding television in the post-broadcast era*. Routledge.

Uricchio, W. (2004). Television's next generation: Technology/interface culture/flow. in Spigel L, Olsson J. (eds). *Television after TV: Essays on a medium in transition*. NC: Duke University Press.

Wayne, M. L., & Castro, D. (2021). SVOD global expansion in cross-national comparative perspective: Netflix in Israel and Spain. *Television & New Media*, 22(8), 896-913.

Wolff, M. (2015). *Television is the new television: The unexpected triumph of old media in the digital age*. Penguin.

Yuan, Y. (2023). Third-Space K-Drama: Netflix, Hallyu, and the melodramatic mundane. *International Journal of Communication, 17*, 6990-7014.

보도자료 및 웹페이지

강일용 (2017.6.12). 연체료 40달러에 화난 그 남자가 설립한 기업 넷플릭스. 〈동아일보〉. https://www.donga.com/news/It/article/all/20170612/84819566/1

강애란 (2022.10.3). '우영우' 제작한 이상백 대표 "색깔 있는 독립 제작사 많아져야". 〈연합뉴스〉. https://www.yna.co.kr/view/AKR20221002030700005

김로자 (2020.2.11). 기생충, 계급의식, 스펙터클의 사회 유감. https://brunch.co.kr/@zappa/12

김상협 (2023.6.22). "전 세계 넷플 회원 60%, K 콘텐츠 시청…4년간 6배 증가". 〈KBS〉. https://news.kbs.co.kr/news/pc/view/view.do?ncd=7706005

김재희 (2020.7.1). '넷플릭스 날개' 단 K드라마… 제작비-소재의 벽 넘어 아시아 사로잡다. 〈동아일보〉. https://www.donga.com/news/Opinion/article/all/20200701/101761296/1

김정연 (2023.3.25). "세장짜리 계약서 없앨 것" 오겜 황동혁이 찾은 법률 지원군. 〈중앙일보〉. https://www.joongang.co.kr/article/25147320#home

남수현 (2023.3.12). 손에 피 한방울 안묻힌 송혜교 복수극… "가해자 자멸 위로됐다". 〈중앙일보〉. https://www.joongang.co.kr/article/25146490#home

남정미 (2023.7.7). 1위 K콘텐츠만 9개, 33개 언어로 번역… 말맛 살린 '자막의 힘'. 〈조선일보〉. https://www.chosun.com/culture-life/culture_general/2023/07/07/CLSTS2VMH5D5RNZOO4Q5VJE62Q/

넷플릭스 (n.d). 넷플릭스와 함께한 한국 콘텐츠의 '2022년 최고의 순간들'.

https://about.netflix.com/ko/news/2022lookback

박민제 (2020.3.28). 폴란드어로 "세자 저하" … '킹덤2' 넷플릭스 흥행의 숨은 공신. 〈중앙일보〉. https://www.joongang.co.kr/article/23741418#home

손희정 (2022.9.24). 서울은 집이 사라진 도시, 홈리스의 도시다. 〈한겨레S〉. https://www.hani.co.kr/arti/culture/movie/1059956.html

심재석 (2016.3.24). 넷플릭스는 어떻게 최고의 추천시스템을 만들었나. 〈동아사이언스〉. http://m.dongascience.com/news.php?idx=11089

어수웅 (2021.10.12). 오징어게임, 넷플릭스 좋은 일만 시켰다고?. 〈조선일보〉. https://www.chosun.com/opinion/chosun_column/2021/10/12/4CWSV4FU7VDLPASHDWX5IGAGCM/

엄지민 (2023.12.13). 넷플릭스·유튜브 가격 인상에 '디지털 이민자'까지… "한국은 잡은 물고기?" [앵커리포트]. 〈YTN〉. https://www.ytn.co.kr/_ln/0102_202312131415176131

오수미 (2023.2.3). "기다리기 힘들어" '더 글로리' 시즌제에 엇갈린 시선. 〈오마이뉴스〉. https://star.ohmynews.com/NWS_Web/OhmyStar/at_pg.aspx?CNTN_CD=A0002899434

윤석만 (2023.8.11). 행복이란 파랑새. 〈중앙일보〉. https://www.joongang.co.kr/article/25184061#home

이다혜 (2022.9.18). 김지연 싸이런픽쳐스 대표 "'오징어 게임' 성공은 창작자 창의성에서 비롯". 〈아시아투데이〉. https://www.asiatoday.co.kr/view.php?key=20220918010009121

이민아 (2019.5.12). 넷플릭스 콘텐츠 추천의 비결 '태거(Tagger)'. 〈이코노미조선〉. https://biz.chosun.com/site/data/html_dir/2019/05/09/2019050901303.html

이상원 (2021.12.15). 다 같은 한국산인데, 왜 K드라마는 먹히고 한류 드라마는 잠잠하지?. 〈시사IN〉. https://www.sisain.co.kr/news/articleView.html?idxno=46229

이은지 (2023.12.11). "웨이브-티빙 합병 거대 OTT, 넷플릭스를 겨냥한 게 아니라구?". 〈YTN〉. https://www.ytn.co.kr/_ln/0103_202312110311548700

이정동 (2022.8.8). 혁신의 원동력은 대안적 세상을 상상하는 힘. 〈중앙일보〉.

https://www.joongang.co.kr/article/25092694#home:

이혜운 (2024.1.20). 에미상 이성진 감독 "이제 한국인 관점이 세계인의 관점 됐다" 〈조선일보〉. https://www.chosun.com/national/weekend/2024/01/20/QAUTX3IJPZHTPADGEODKOGRAYA/

임미나 (2018.1.29). [단독]한강 "'채식주의자' 오역 60여 개 수정… 결정적 장애물 아냐"①. 〈연합뉴스〉. https://www.yna.co.kr/view/AKR20180129083200005

정민경 (2022.9.9). IP 사업의 모범생 '우영우'. 〈미디어오늘〉. https://www.mediatoday.co.kr/news/articleView.html?idxno=305781

허연 (2012.4.6). [허연의 명저산책] 에드워드 기번 '로마제국 쇠망사'. 〈매일경제〉. https://www.mk.co.kr/news/culture/5148985

Adalian, J. (2018, June 14). *Inside the binge factory*. Vulture. https://www.vulture.com/2018/06/how-netflix-swallowed-tv-industry.html

Anderson, R. (2019, October 23). *What netflix can teach us about the paradox of choice*. Medium. https://ryan-anderson-ds.medium.com/netflix-quantity-quality-and-the-paradox-of-choice-5336f4b1be90

Bacon, B. (2024, February 22). *Content most enjoyed on top US SVOD services, (US) 2023*. S&P Global Market Intelligence. https://www.spglobal.com/marketintelligence/en/news-insights/research/content-most-enjoyed-on-top-us-svod-services-us-2023

Biskind, P. (2024, January 18). *How Hollywood lost its nerve*. The New York Times. https://www.nytimes.com/2024/01/18/opinion/tv-peak-industry-emmys.html

Blum, J. (2022, April 27). *A scrappier model for Netflix might be more sustainable*. The New York Times. https://www.nytimes.com/2022/04/27/opinion/culture/netflix-stocks-blumhouse-model.html

Bruni, F. (2021. October 21). *Why the Popularity of 'Squid Game' Terrifies Me*. The New York Times. https://www.nytimes.com/2021/10/21/opinion/squid-game-violence.html

Chao, E. (2023, July 25). *Introducing my netflix, a one-stop shop for series and movies you want* ··· Netflix. https://about.netflix.com/en/news/introducing-my-netflix-a-one-stop-shop-for-series-and-movies-you-want-to

Cho, J. (2021, October 14). *Squid game and the "untranslatable": The debate around subtitles explained*. The Conversation. https://theconversation.com/squid-game-and-the-untranslatable-the-debate-around-subtitles-explained-169931

Chuba, K. (2023, June 29). *Caption this: Why Subtitling is big business amid the content boom*. The Hollywood Reporter. https://www.hollywoodreporter.com/business/business-news/subtitling-big-business-content-boom-1235519270/

Conran, P. (2023, December 4). *Netflix K-drama review: Sweet Home season 2 – Song Kang leads overblown follow-up to hit monster series that forgets what seduced us in the first place*. South China Morning Post. https://www.scmp.com/lifestyle/k-pop/k-drama/article/3243754/netflix-k-drama-review-sweet-home-season-2-song-kang-leads-overblown-follow-hit-monster-series

Dixit, N. (2021, November 9). *Top 13+ Korean dramas not available on US netflix*. VPN Helpers. https://www.vpnhelpers.com/korean-dramas-not-available-on-us-netflix/

Gershon, L. (2014, Octover 21). Will the Fall of Cable Mean Darker TV?, JSTOR Daily. https://daily.jstor.org/will-fall-cable-mean-darker-tv/

Hass, N. (2013, January 29). *Reed Hastings on Arrested Development, House of cards, and the future of Netflix*. GQ. https://www.gq.com/story/netflix-founder-reed-hastings-house-of-cards-arrested-development

Kuperinsky, A. (2014, May 25). *Binge-watching: How the hungry habit is transforming TV*. nj. http://www.nj.com/entertainment/index.ssf/2014/05/beau_willimon_house_of_cards_binge_watching.html

Lee, J. (2022, January 10). *From 'Hellbound' to New Zombie Thriller 'All of Us*

Are Dead' — How Visionary Creators Turn Cult Webtoons into Hit Shows. Netflix. https://about.netflix.com/en/news/from-hellbound-to-new-zombie-thriller-all-of-us-are-dead-how-visionary

Liu, N. (2020, March 8). *Friends : Why generation Z loves the '90s sitcom*. CBR. https://www.cbr.com/friends-generation-z-loves-90s-sitcom/

Lovely, S. (2023, September 3). *How many titles on Netflix in your country? Cordcutting*. https://cordcutting.com/blog/how-many-titles-are-available-on-netflix-in-your-country/

Madrigal, A. C. (2014, January 2). *How netflix reverse-engineered Hollywood*. The Atlantic. https://www.theatlantic.com/technology/archive/2014/01/how-netflix-reverse-engineered-hollywood/282679/

Masters, K. (2022, April 20). *Netflix's big wake-up call : The power clash behind the crash*. The Hollywood Reporter. https://www.hollywoodreporter.com/business/digital/netflixs-big-wake-up-call-the-power-clash-behind-the-crash-1235136004/

McCracken, G. (2021, January 18). *TV got better (how we got from bingeing to feasting)*. Medium. https://grant27.medium.com/tv-got-better-how-we-got-from-bingeing-to-feasting-782a67ee0a1

Merican, S. (2021, October 25). *"squid game" and beyond : Netflix ignites a key debate on commissioning local content*. Forbes. https://www.forbes.com/sites/saramerican/2021/10/25/squid-game-and-beyond-netflix-ignites-a-key-debate-on-commissioning-local-content/?sh=4a666383f4aa

Moeller, F. B. (2022, March 7). *Korean dramas : Taking over Netflix?*. Asia Society. https://asiasociety.org/korea/korean-dramas-taking-over-netflix

Moore, K. (2022, February 16). *The Netflix ID Bible – Every Category Code on Netflix in 2022*. What's on Netflix. https://www.whats-on-netflix.com/library/categories/

Moore, K. (2023, January 24). *Codes to unlock Netflix's full Korean (K-drama) library*. What's on Netflix. https://www.whats-on-netflix.com/news/codes-to-unlock-netflixs-full-korean-k-drama-library/

Moore, K. (2023, October 26). *Netflix originals now make up 50% of overall US library*. What's on Netflix. https://www.whats-on-netflix.com/news/50-of-netflixs-library-is-now-made-of-netflix-originals/

Moore, K. (2023, December 14). *Netflix now has over 4,000 Netflix originals*. What's on Netflix. https://www.whats-on-netflix.com/news/netflix-now-has-over-4000-netflix-originals/

Moore, K. (2024, January 15). *Netflix secret codes 2024 : Every Movie & Series category on Netflix*. What's on Netflix. https://www.whats-on-netflix.com/news/the-netflix-id-bible-every-category-on-netflix

Netflix (2018, June 21). *Netflix brings mr. Sunshine to the world*. https://about.netflix.com/en/news/netflix-brings-mr-sunshine-to-the-world

Netflix (2023, December 13). *What we watched : A Netflix engagement report - about Netflix*. https://about.netflix.com/en/news/what-we-watched-a-netflix-engagement-report

Netflix Investors (2022, October 18). Netflix releases third-quarter 2022 financial results. https://ir.netflix.net/investor-news-and-events/financial-releases/press-release-details/2022/Netflix-Releases-Third-Quarter-2022-Financial-Results/default.aspx

Newman, J. (2022, January 27). *Netflix's new "categories" menu could make browsing by genre easier*. TechHive. https://www.techhive.com/article/608866/netflix-new-categories-menu-could-make-browsing-by-genre-easier.html

Nussbaum, E. (2016, August 15). *"Stranger Things" and "The Get Down."* The New Yorker. https://www.newyorker.com/magazine/2016/08/22/stranger-things-and-the-get-down-reviews

Perkowski, R. (2023, October 21). *What Ai does netflix use?*. TS2 SPACE.

https://ts2.space/en/what-ai-does-netflix-use/#gsc.tab=0/#gsc.tab=0

Plummer, L. (2017, August 22). *This is how Netflix's top-secret recommendation system works*. WIRED UK. https://www.wired.co.uk/article/how-do-netflixs-algorithms-work-machine-learning-helps-to-predict-what-viewers-will-like

Robinson, J. (2018, November 9). *The four types of Netflix originals*. What's on Netflix. https://www.whats-on-netflix.com/news/the-four-types-of-netflix-originals

Rodriguez, A. (2017, March 22). *Netflix divides its 93 million users around the world into 1,300 "Taste communities."* Quartz. https://qz.com/939195/netflix-nflx-divides-its-93-million-users-around-the-world-not-by-geography-but-into-1300-taste-communities

Shalomeir (2014, November 19). *NETFLIX PRIZE* - 다이나믹했던 알고리즘 대회. https://www.shalomeir.com/2014/11/netflix-prize-1/

Shaw, L. (2021, October 17). *Netflix Estimates 'Squid Game' Will Be Worth Almost $900 Million*. Bloomberg.com. https://www.bloomberg.com/news/articles/2021-10-17/squid-game-season-2-series-worth-900-million-to-netflix-so-far

Shevenock, S. (2022, September 16). *Streaming trends : Subtitles vs. dubbing in international content*. Morning Consult Pro. https://pro.morningconsult.com/trend-setters/subtitles-dubbing-streaming

Spacey, K. (2013, August 22). *Kevin Spacey Mactaggart Lecture – Full Text*. The Guardian. https://www.theguardian.com/media/interactive/2013/aug/22/kevin-spacey-mactaggart-lecture-full-text

Spangler, T. (2013, December 13). *Netflix survey: Binge-watching is not weird or unusual*. Variety. https://variety.com/2013/digital/news/netflix-survey-binge-watching-is-not-weird-or-unusual-1200952292/

Stoll, J. (2023, October 19). *Netflix: Number of subscribers worldwide 2023*. Statista. https://www.statista.com/statistics/250934/quarterly-number-of-netflix-streaming-subscribers-worldwide/

Stuever, H. (2017, August 22). *In its bid to be everything, Netflix is still missing one thing : An identity*. The Washington Post. https://www.washingtonpost.com/entertainment/tv/in-its-bid-to-be-everything-netflix-is-still-missing-one-thing-an-identity/2017/08/22/2bb74290-82d9-11e7-b359-15a3617c767b_story.html

The Korea Times (2022, January 19). *Korea remains no. 2 most popular content provider on Netflix in last quarter of 2021*. koreatimes. https://www.koreatimes.co.kr/www/art/2022/07/688_322585.html

Vojinovic, I. (2023, May 5). *No chill - netflix statistics illustrate incredible growth*. DataProt. https://dataprot.net/statistics/netflix-statistics/

Wakabayashi, D., & Young, J. Y. (2023, July 13). *How netflix plans total global domination, one Korean drama at a time*. The New York Times. https://www.nytimes.com/2023/07/13/business/media/netflix-korea-asia-drama.html

Wall Street Journal (2021. November 16). *Recognize This 'Squid Game' Voice? Behind Netflix's Global Dubbing Strategy*. https://www.youtube.com/watch?v=r_5WAY61muE

Waqar, T. (2021, October 17). *Squid game was almost called round six; here's why*. Sportskeeda. https://www.sportskeeda.com/pop-culture/squid-game-almost-called-round-six-here-s

Williams, D. (2022, November 22). *Streaming TV shows are 21st-century "cathedrals", screenwriting guru McKee says*. REUTERS. https://www.reuters.com/lifestyle/streaming-tv-shows-are-21st-century-cathedrals-screenwriting-guru-mckee-says-2022-11-24/

Yoon, D. & Martin, T. K. (2021, October 4). *Netflix's 'Squid Game' Is the Dystopian Hit No One Wanted—Until Everyone Did*. The Wall Street Journal. https://www.wsj.com/articles/netflixs-squid-game-is-the-dystopian-hit-no-one-wanteduntil-everyone-did-11633183200

이종수 한양대학교 ERICA 캠퍼스 언론정보대학 정보사회미디어학과 교수이다. 이화여자대학교 영문학과를 졸업하고, 미국 미네소타 대학교(University of Minnesota) 대학원에서 커뮤니케이션학 석사와 박사학위를 받았다. 1997년 이후 한양대학교 언론정보대학 신문방송학과 교수로 재직해왔다. 한국언론재단 선임연구위원, 한양대학교 언론정보대학장, 여성커뮤니케이션 학회장, 〈미디어, 젠더 & 문화〉 편집위원장 등을 역임했다. 저서로 『TV 리얼리티 : 다큐멘터리, 뉴스, 리얼리티쇼의 현실구성』 『포스트텔레비전 시대의 다큐멘터리 트렌드』 『텔레비전과 시청자』(공저) 『매체미학』(공저) 등이 있으며, 그 밖에도 대중문화·TV 드라마·다큐멘터리에 관한 논문을 다수 발표했다.

HANYANG UNIVERSITY PRESS

파우스트의 계약

: 넷플릭스와 K-드라마

펴낸날 2024년 3월 25일 초판 1쇄

지은이 이종수 ● **펴낸이** 이기정

펴낸곳 한양대학교출판부 ● **출판등록** 제4-7호(1972.2.29)

주소 서울 성동구 왕십리로 222 ● **전화** 02.2220.1432-4 ● **팩스** 02.2220.1435

홈페이지 press.hanyang.ac.kr ● **이메일** presshy@hanyang.ac.kr

본문디자인·편집 김민지 ● **표지** 안광일 ● **인쇄** 네오프린텍

이 출판물은 한양대학교 교내연구지원 사업으로 연구됨(HY-2021-1849).

ISBN 978.89.7218.806.3 (93300)